UN SOLDAT DE LA CROIX

LE PÈRE
MARC BARTHÉLEMY

DE LA COMPAGNIE DE JÉSUS

MISSIONNAIRE

DANS L'AFRIQUE DU SUD

1857-1913

Par le Père **A. BROU**, S. J.

PARIS

GABRIEL BEAUCHESNE

—

1917

LE PÈRE MARC BARTHÉLEMY

Imp. G. Delcroix Paris

LE PÈRE
MARC BARTHÉLEMY

DE LA COMPAGNIE DE JÉSUS

MISSIONNAIRE
DANS L'AFRIQUE DU SUD

1857-1913

PARIS
GABRIEL BEAUCHESNE
RUE DE RENNES, 117

1917

LE
PÈRE MARC BARTHÉLEMY

Le Père Marc Barthélemy est mort à Bulawayo, dans l'Afrique australe, le 17 décembre 1913. Quelques semaines après, un officier de l'armée anglaise, un protestant, qui l'avait beaucoup aimé, se fit conduire par un Père du collège auprès de la tombe. « C'est en le voyant, disait-il, que j'ai compris le mot « un soldat de la croix ». Voilà ce qu'il faudra graver sur la pierre : *A true soldier of the cross.* »

L'officier voulut rester seul quelques instants encore avec cet incomparable ami. Jamais, affirmait-il, il ne l'avait quitté que meilleur et plus pur. Le Père s'écarta... Lorsque son compagnon revint, il pleurait; et tous deux rentrèrent en ville sans dire un mot...

C'est de ce « vrai soldat de la croix » que nous allons esquisser la modeste et féconde carrière.

I

1857-1874

Il était né à Rouen le 16 janvier 1857.

Il grandit dans un de ces milieux privilégiés que Dieu ordinairement ménage à ses plus chers élus. Nous n'en pouvons dire davantage... Mais nous devons rappeler que son grand-père et son père, architectes bien connus, avaient couvert le diocèse d'églises neuves et restauré quantité de vieux sanctuaires. Au grand-père la ville de Rouen doit la flèche de l'église Saint-Maclou et surtout la belle basilique de Bon-Secours, qui fit sensation à l'époque où elle fut construite (1840-1842). Ce fut une des premières églises ogivales du siècle. Quant au père, le missionnaire, plus tard, écrivait un jour pour le consoler : « Toute la Normandie est couverte de ses clochers, et, dans toutes ces demeures du bon Dieu, il a mis son cœur à la fondation et l'a scellé près du tabernacle. Il se sent vivre dans toutes ces œuvres d'amour, lui l'architecte du bon Dieu. »

Le père Marc, en Afrique, se souviendra qu'il était fils d'architecte. Bulawayo lui devra sa plus belle église et son plus beau collège.

Dès les premières années, l'enfant laissait entrevoir ce que serait l'homme un jour. Sa piété sérieuse et pratique était caractérisée par un esprit intense de sacrifice et de devoir. Tout petit, Dieu l'attirait à la prière. Il fut très tôt initié à la science des saints, la méditation. A sept ans, malade, pour souffrir en union avec Notre-Seigneur, il se faisait lire la Passion. Il était comme épris du tabernacle. Quand il eut grandi, vers quatorze ou quinze ans, il passait devant l'autel de longs quarts d'heure, comme insatiable du Saint Sacrement. On imagine ce que fut sa première communion. Il la fit au collège de Vaugirard, après une retraite des plus ferventes, sous la direction du bon et inoubliable Père Chalet. Sa confession préparatoire avait été une confession de larmes...

... Et déjà l'on pense à Louis de Gonzague. Le jeune saint était un de ses patrons favoris. Tendance d'une nature énergique et, plus encore, impulsion de la grâce, il eût voulu l'imiter jusque dans ses austérités. Il fit du moins ce qu'on pouvait permettre à son âge. Ce qu'on lui interdisait, il le compensait par une extraordinaire abnégation intérieure.

Il avait une sorte de goût précoce pour les pensées austères, le néant du monde, les grandes réalités éternelles. Une fois, traversant Paris, il semblait comme absorbé dans ses réflexions. On lui demanda ce qu'il avait. « Je songe, répondit-il, que tout cela doit disparaître un jour. »

En même temps, extrêmement sensible. Il lui fut

très dur d'échanger la vie de famille pour le collège. Mais c'était la volonté de Dieu : il se sépara des siens en esprit d'obéissance. Il vivait de sacrifices, les accomplissait sans hésiter, mais il souffrait. Puis, comme il était toujours maître de lui, qu'il ne songeait qu'à s'effacer pour le plaisir des autres, qu'il gardait le plus possible le secret de ses peines personnelles, très vite il acquit le don exquis, le don divin de consoler. Aux heures de deuil et de peine, il fut toujours pour les siens, de près ou de loin, l'ange de Dieu.

Évidemment Marc était de ces âmes choisies, comblées des dons de la grâce et de la nature, dont les parents vraiment chrétiens ne peuvent s'empêcher de dire : « Notre enfant est trop bon pour n'être pas tout entier à Dieu. Dieu nous le prendra un jour. » Et, de part et d'autre, chez l'enfant que Dieu appelle, chez les père et mère que Dieu lui a choisis, à l'avance, plus ou moins consciemment, le sacrifice est fait.

Quand fut-il explicitement formulé dans le cœur de Marc? Nous ne savons. Mais on pouvait entrevoir quelle forme il prendrait. Sa prédilection pour saint Louis de Gonzague, la façon dont il s'attardait dans les églises de la Compagnie, devant l'autel de saint Ignace, d'autres signes encore étaient assez clairs. Il sentait que Dieu le voulait fils d'Ignace et frère de Louis.

Or, c'était un principe chez lui, et comme un instinct de son âme forte : le but une fois fixé, il fal-

lait y marcher droit et vite. Donc, ses humanités
finies, pour être en mesure d'obéir à la voix divine,
sans un jour de retard, il résolut de préparer son
baccalauréat en un an. — L'on vivait alors sous le
régime des réglementations de 1864, qui ne suppo-
saient qu'un examen après la philosophie. Ses
pieux parents entrèrent dans ses vues, le gardèrent
près d'eux à Rouen, lui donnèrent des répétiteurs
particuliers, et il se mit à l'œuvre.

Cette année de travail solitaire fut caractéris-
tique. Son règlement, précisé une fois pour toutes,
fut suivi sans défaillance. Aux heures de joie expan-
sive et jeune, sans transition, succédait le calme.
Ayant toujours présent le but poursuivi, il lui suffisait d'y songer pour reprendre la pleine possession
de soi. Un éclair passait dans ses grands yeux noirs,
et c'était fait, il rentrait dans l'austérité de l'étude.

Et de même, dès qu'il s'agissait de la prière. Tous
les matins, par tous les temps, à l'heure marquée,
il allait à la messe. Ces moments étaient pour Dieu
seul. Dans sa chambre, avant de partir, sur le
boulevard, rien ne pouvait le distraire. D'un mot net,
au besoin, il remettait à sa place le jeune frère
qu'il emmenait souvent avec lui. En tout cela, rien
de raide, respect de Dieu, sens du devoir, amour du
bon vouloir divin, haine de tout compromis ; tout
était fort, mais tout était si aisé, si spontané, qu'on
l'eût dit naturel.

Vint l'heure de la séparation. Marc avait pour
principe encore qu'un sacrifice est fait une fois pour

toutes, qu'il n'y a jamais à revenir en arrière, qu'il
faut passer de la résolution à l'acte le plus vite possible. Ses bons parents le donnaient à Dieu; ils en
pleuraient, lui en était brisé. Mais il sut rappeler
que Dieu aime les offrandes généreuses et allègres.
Il entendit éviter tout attendrissement inutile, tout
ce qui eût risqué de diminuer la force d'âme nécessaire à tous. Il garda son entrain et, jusqu'au bout,
sut rire comme un enfant. N'empêche qu'il souffrait
au fond de l'âme. Et c'est précisément parce qu'on
le savait, parce que cette union rare d'une exquise
sensibilité et d'une énergie morale incomparable
n'était un secret pour personne que l'on avait tant
de peine à le voir s'éloigner.

Il passa son baccalauréat le 21 novembre 1874,
et le 22 il était au noviciat d'Angers.

II

1874-1883

Les novices venaient justement d'entrer en grande retraite. C'était donc, pour un mois, sauf trois intervalles de repos, le silence absolu, l'isolement devant Dieu, la prière prolongée et quatre heures de méditation par jour. Il n'y avait là rien qui pût intimider le nouveau venu. Sans transition, mais sans émoi, il passa du monde dans la solitude ; et ce ne fut qu'au bout d'une semaine, au jour de repos réglementaire, qu'il put faire connaissance rapide avec ses nouveaux frères.

Il avait pour maître le Père Albert Platel. Du maître au disciple l'entente fut prompte et complète. Le Père vit du premier coup ce qu'on pouvait attendre pour la gloire de Dieu de cette âme d'élite, énergique et ardente. Le disciple fut tout de suite gagné par ce qu'il y avait de chevaleresque dans l'enseignement de cet incomparable formateur, qui cachait de vives souffrances intérieures sous une allure nette, disciplinée, militaire. Et l'on disait : « Le Frère Barthélemy se ferait mettre en quatre pour le Père Maître. »

Les deux années de noviciat, les années d'études

qui suivirent, sont à peu près sans histoire. Il suffit de relever les dates. En septembre 1876, le Frère Marc partit pour la maison de Saint-Acheul, où il devait achever ses études littéraires. Le 8 décembre, dans l'exaltation de son âme, entre les mains de Marie qu'il aimait déjà, qu'il aima toujours d'un amour ardent, il se lia pour toujours à la Compagnie par les premiers vœux. Mais il n'avait pas attendu cette date pour s'engager en secret et irrévocablement par les « vœux de dévotion » (2 février 1875). Deux ans après, il faisait sa philosophie à Laval. C'est là que vinrent le surprendre les expulsions de juin 1880. Il dut gagner l'île de Jersey. Les supérieurs, sans doute, songeaient à utiliser ses réels et multiples talents dans les collèges, quand on pourrait y rentrer, car en septembre 1881 il était envoyé à Angers pour s'y préparer à de nouveaux examens et conquérir des grades universitaires.

De sa vie intime durant cette période nous savons peu de chose. Rien ne nous est parvenu de ses notes spirituelles. Il n'était pas homme à beaucoup se répandre en écritures, encore moins à garder ces paperasses comme des trésors. Reste l'impression qu'il faisait sur ses compagnons de travail : elle était profonde, mêlée d'un vrai respect et d'une vraie tendresse. Alors comme depuis, il fut beaucoup aimé. A plusieurs il suffit de le rencontrer une fois pour en garder le souvenir impérissable. Ceux qui l'ont vu de près à cette époque, où il

n'avait cependant pu donner encore sa mesure, où
sa vertu ne s'était trahie que dans le très modeste
domaine de la vie commune, se rencontrent
dans le même témoignage : vaillance joyeuse, entrain dans le dévouement, abnégation continue,
force intense de volonté. Et ils ne s'étonnaient pas
que tel supérieur ou tel père spirituel leur désignât
le Frère Marc comme le modèle à suivre.

Nous avons interrogé plusieurs de ses compagnons d'alors. Trop d'années avaient passé pour
qu'ils pussent fournir beaucoup d'anecdotes, mais
toujours cette note revient dans leurs réponses :
« Il était parfait. »

« Le Frère Marc Barthélemy, nous écrit-on,
reste pour moi le type accompli du scholastique
respectueux de la règle, aimable et serviable à
tous; la droiture même et la simplicité, un zèle dévorant qui lui fit désirer l'apostolat et le martyre :
c'est une des plus belles âmes que j'aie connues et
aimées. » — « Je n'ai passé qu'un an de ma vie
avec le Père Marc, dit un autre; il m'a laissé une
impression profonde : religieux exemplaire, âme
élevée, délicate, énergique et sensible. » Et encore :
« Je vais vous causer une déception. Le Frère Marc
n'était guère communicatif. Nous avons eu fort peu
de rapports ensemble. Je ne puis vous dire que ce
que chacun sait. Il était très travailleur : il ne quittait sa table de travail que contraint par le devoir.
C'était la régularité même. » Et un autre : « J'ai
beaucoup connu le Père Marc, et j'en ai gardé un

bien bon souvenir. Ce n'est pas un souvenir quelconque, mais bien le souvenir d'un saint. Hélas! je ne peux pas vous donner de fait particulier, c'est tout un ensemble où je vois sa charité exquise, son abnégation, son dévouement. Il était toujours prêt à rendre service et prenait le plus dur pour lui. Je ne peux pas trouver la plus petite ombre au tableau... »

On ajoute qu'il semblait redouter le travail trop paisible de nos maisons d'Europe. Pour éviter d'y « moisir », — c'était son mot, — il eût fait le tour du monde. Certes, sans faire le tour du monde, il eût facilement trouvé dans son énergie le moyen d'éviter cette prosaïque moisissure. Déjà, sur de très petits théâtres, il montrait ce qu'on pouvait attendre de lui. A Angers, il avait été, suivant la règle des novices, envoyé soigner des malades durant un mois. C'était chez les Petites Sœurs des pauvres. Son compagnon nous raconte : « J'allais avec lui près d'un vieillard épileptique, condamné depuis longtemps à garder le lit, et dont nous devions changer les draps. A peine commencions-nous notre besogne que le pauvre malade se mit à pousser des cris épouvantables. Je fus alors frappé de la charité douce et persuasive avec laquelle le bon Frère s'efforçait de le calmer. On eût dit la mère la plus tendre auprès de son enfant. Les cris continuant, il me pria d'aller m'occuper d'autres vieillards, tandis que lui-même resta auprès de l'épileptique pour lui prodiguer ses soins. »

Quelques années plus tard, il lui arriva dans une lettre de dire que le temps passé à soigner ces pauvres vieux était plus consolant que pénible. Il se reprit : « Pénible ! quel mot peu jésuite ! Est-ce que quelque chose est pénible, difficile, quand on le fait pour Celui qu'on aime uniquement et plus que tout ? » Le Père Marc des derniers temps, absolument oublieux de soi, est tout entier déjà dans ces faits et gestes de novice.

Lorsque d'aventure il lui arrivait d'avoir à conseiller les autres, il le faisait rondement, et toujours revenait à ce qui remplissait son âme à lui, le besoin du sacrifice. Il n'admettait pas qu'au service de Dieu on tergiversât. Il avait un but, et y allait par le plus court chemin. Il fallait le moins d'intervalle possible entre la chose décidée et la chose faite. Tous n'atteignaient pas à cette hauteur, et il fallait bien parfois avoir pitié, mais toujours ses conseils étaient d'une virilité rare. Il aimait à insister sur le rôle de la volonté dans la vie morale, et jusque dans la vie physique. Il écrivait à un malade :

« Plus on se secoue, et mieux on se trouve après. — Mais il faut le pouvoir ! — Oui, mais pour le pouvoir, il faut le vouloir, mais le vouloir vraiment. Trempons la volonté et exerçons-la, surtout pour nous vaincre. Soyons fermes, volontaires même, mais envers nous-mêmes. La volonté ne s'affaiblit nullement en se soumettant aux volontés des autres, par charité. Mais si elle a à compter avec nos caprices, c'est fini. Il faut même que la volonté domine un peu les forces du corps, et qu'elle ait son franc-parler, même sur l'article santé. Comme la volonté ne doit rien faire sans la raison, il n'y a rien à craindre. » Et encore : « N'oubliez pas le chapitre volonté, énergie, caractère. Pour se bien porter, il faut le vouloir, et quelquefois il suffit de le vouloir. Pour se conserver les forces, il faut le vouloir et le vouloir encore. »

Ceux qui, beaucoup plus tard, ont entendu les leçons qu'il donnait à ses élèves anglais de Bulawayo retrouveront là des accents connus. Bien entendu, c'était pour le service de Dieu, non pour l'égoïste développement du moi, qu'il y avait à cultiver la volonté. Aussi ajoutait-il :

« Il faut être un saint, et pour cela s'oublier et aimer avec passion Notre-Seigneur. Être détraqué, démoli, ennuyé, etc., c'est de la bêtise ; être trop mécontent de soi, c'est de la vanité ; être triste en quelque façon, c'est penser à soi d'une manière ou d'une autre. Si on aime Notre-Seigneur, si on n'aime que lui, si on l'aime avec confiance et avec générosité, il en résulte nécessairement qu'on est toujours dans la paix, la joie.

« ... Allons ! portons généreusement cette croix qui sans cesse retombe sur nos épaules ; ne cherchons pas à nous en débarrasser, nous l'aurons toujours. Elle pèsera tant que nous ne prendrons pas notre parti grandement, généreusement, joyeusement. Soyons généreux, et ne nous donnons pas cette misérable et mesquine excuse de penser à nos peines et de nous rendre intéressants à nous-mêmes...

« Le bon Dieu nous a donné une volonté, ce n'est pas pour rien. Quand cette faculté est en bon état et qu'elle agit, tout le reste marche. Le tout est de vouloir comme il faut. Pour vouloir bien, il faut prier, prier beaucoup, et demander souvent au Sacré Cœur, à Marie Immaculée, à saint Joseph, à notre ange gardien témoin des luttes intimes, de fortifier notre volonté, de nous aider à vouloir.

« Habituons-nous à souffrir, c'est le pain quotidien. Il y a des échecs à subir, des *licences* à recommencer, mais c'est peu... Que d'autres souffrances, et celles-là véritables, nos pauvres âmes ont à supporter! Amour de Dieu, énergie, volonté, prière, c'est la seule méthode pour triompher. »

Faut-il voir dans ces dernières lignes une confidence involontaire? Que furent ces « souffrances véritables » au prix desquelles les échecs, les ennuis quotidiens, ne sont rien, nous ne savons. Mais ce que nous n'ignorons point, c'est que les peines, quelles qu'elles fussent, étaient portées « d'un cœur grand, généreux, viril et prêt à tout ».

« Du cœur! prenons les choses comme le bon Dieu le veut. Être tout à lui! que ce soit tout notre bonheur et tout notre désir. Que nous importe tout ce qui passe? Aller, venir, être ici ou là... qu'est-ce que tout cela nous fait? Nous n'avons qu'à nous occuper d'être tout à Dieu. »

Écoutons-le faisant une théorie des sacrifices à un affligé qui, à son gré, n'y allait pas assez rondement. « Non, ce n'est pas ainsi qu'il faut faire les sacrifices. Pour qu'ils aient tout leur mérite, il faut les accepter tout à fait et puis les mettre sur son dos, et, tout en en sentant le poids, tout en ne l'oubliant pas, regarder en avant ce qui reste à faire. Dieu, par les épreuves, veut nous attacher à lui, nous attirer plus vite à son amour, nous rendre plus forts, non nous briser, nous anéantir, nous renverser à terre. Ça c'est l'œuvre de l'ennemi : si, sous sa main habile, il peut transformer en arme de destruction l'arme de grâce que la Providence avait forgée, il est content. Ne me crois pas dur. Je ressens énormément les sacrifices, je suis très lâche devant eux et en fais très mauvais profit, mais pour la théorie elle brille à mes yeux de toute la splendeur de la croix de Jésus, et je sens que le sacrifice bien accepté est un sacrifice bien généreux où la victime s'oublie et se met de côté. »

On le devine à la chaleur de l'accent, le Frère Marc savait aimer. Inlassablement, dans ses lettres à son jeune frère qui l'avait suivi dans la Compagnie, il chante le bonheur d'être à Dieu, de se lier à Jésus par les vœux, d'être l'enfant privilégié de Marie. Tous les chers anniversaires ramènent les mêmes ardentes effusions. Il écrit un jour de rénovation des vœux : « Ainsi lundi nous ferons à Notre-Seigneur, aux pieds de notre Mère bien-aimée, un même sacrifice. Quel suprême et indéniable bon-

heur! et comme on se sent heureux quand, détaché
de la terre, ou dépouillé même de soi, on appartient
tout entier à Jésus, à Marie, à la Compagnie! Jésus
vient alors dans notre cœur, mais avec quel amour!
Ses regards ne rencontrent plus rien qui lui dé-
plaise dans ce cœur purifié par un nouveau baptême, et qui, par son immolation, jouit des préroga-
tives du martyre : il s'y unit, il en prend possession
pour l'éternité. C'est à lui, à lui seul; il peut en faire
tout ce qu'il voudra. On se sent accablé par tant de
bienfaits et on voudrait qu'un dernier lien se rom-
pît, afin de jouir plus amplement de cette félicité...
Mais non, il faut prouver par des actes notre
amour. Il faut rendre à la Compagnie quelque
chose... »

Une autre fois : « On appelle cela un sacrifice,
une offrande, mais nous recevons plus encore que
nous ne donnons. Nous donnons la terre, et Jésus
nous donne le ciel et dès cette vie !

« ... Donnons, oh! oui, donnons! aimons, aimons
encore et sans réserve Celui dont le cœur nous
aime passionnément et ne sait oublier, Celui auquel
on ne peut nous arracher, Celui en qui, par qui,
avec qui est toute joie sur terre et au ciel. »

Joie de volonté sans doute, plus que de sentiment, car le Frère Marc sentait profondément son
néant, et il lui arrivait d'écrire : « Tu ne peux te
faire une idée de ma pauvreté et de mes misères.
Et pourtant j'ai un vif désir, un immense besoin
d'être à Dieu. » Impossible à lui, malgré son aver-

sion pour les confidences dolentes, de ne pas laisser
transparaître quelque chose de cette souffrance. A
l'en croire, il n'était bon à rien, inutile, sans valeur.
Dès lors, à quoi bon se ménager? Son avenir était
clair; il vivrait peu et mourrait dans quelque emploi obscur. De là un certain fond de gravité que
l'entrain joyeux du dévouement ne parvenait pas à
cacher. Il commandait le respect, mais n'empê-
chait pas ses frères de sourire, et on l'inscrivait
d'office dans la « Confrérie de la bonne mort ».

Les emplois obscurs où l'on peut se donner sous
l'œil de Dieu seul, furent toujours sa grande ambi-
tion. L'humilité pratique y trouvait son compte,
et plus encore la charité. A Angers, par exemple,
lorsqu'il y revint en 1881, pour préparer ses examens de licence, à l'Université catholique, dans la
petite communauté de la rue Volney, il n'y avait
pas d'infirmier en titre. Le Frère Marc eut tôt fait
de confisquer ce rôle. Sa chambre devint un dis-
pensaire où se distribuaient tisanes, pâtes pecto-
rales, emplâtres. Il avait l'œil à la fois sur ses
thèmes grecs et sur ses bouillottes. Attention méri-
toire, car il n'y avait pas de temps à perdre dans ce
que les habitants de l'internat appelaient l' « au-
berge du travail »; et il était, lui, très particulièrement avare de ses loisirs. Mais, par surcroît, il se
faisait comme le factotum du supérieur, se réser-
vant les corvées et aussi la chambre la moins
commode, les meubles détériorés. On peut dire que
c'est à Angers que le Frère Marc s'est révélé avec

tous ses trésors de dévouement. Mais son triomphe en ce genre fut le moment des vacances.

La jeune communauté allait en ce temps-là, les examens finis, passer le mois d'août au château d'Echuilly, chez M. le comte de la Selle. Elle était là, hébergée et choyée, avec une charité que le temps et la mort des bienfaiteurs ne feront pas de sitôt oublier. Le Père de Korsabiec, frère de la noble châtelaine, était le supérieur désigné des scolastiques en villégiature. Le Frère Marc fut son bras droit; il se chargea du matériel et prit sur lui les travaux d'installation. Il établit tout le monde à l'aise dans les spacieuses chambres du château et des dépendances. Mais rien ne put le faire déloger de certain petit réduit sans air, presque sans jour, appentis dont la porte vitrée donnait sur un corridor et grand tout juste pour un lit et une chaise minuscule. Le supérieur eut beau prêcher, le Frère avait réponse à tout. C'est là qu'il passa les vacances, et fit sa retraite, rêvant déjà aux missions lointaines.

III

1883-1886

Une âme vibrante, avide de sacrifices obscurs, ne peut qu'être attirée vers les missions lointaines. Et, entre les missions, les plus fécondes en croix de toutes sortes sont ordinairement les plus récentes, les Églises où il n'y a rien, où tout est à faire. Or, une des terres qui, vers ce temps-là, séduisaient le plus, dans la Compagnie, les cœurs ardents, était la mission du Zambèze. Tout nouvellement ouverte, contrariée dans son développement, établie en plein pays noir, très loin de toute civilisation, elle s'annonçait riche de souffrances.

Dès 1875, Mgr Ricards, vicaire apostolique du Cap oriental, avait obtenu quelques Jésuites anglais pour un collège dans sa résidence de Grahamstown. Le collège Saint-Aïdan devait être le point d'appui de missions noires à fonder le plus tôt possible, au cœur du continent, dans le bassin du haut Zambèze récemment exploré par Livingstone. Il fallait se hâter. Les protestants avaient pris les devants : il importait de ne pas leur laisser le monopole de l'apostolat parmi les tribus cafres, et les régions ne manquaient pas où l'on pouvait encore les devancer.

Le projet fut approuvé à la Propagande. Le 15 avril 1879, le Père Depelchin partait de Grahamstown avec quelques Pères et Frères, en quatre wagons à bœufs, et prenait le chemin des hauts plateaux connus aujourd'hui sous le nom de Rhodesia. Quatre grands mois plus tard, le 2 septembre, ils étaient à Bulawayo, chez le roi des Matabélès, Lo Bengula.

Le récit de ce long, pénible et pittoresque voyage n'avait pas tardé à faire le tour des maisons de la Compagnie. Peu après, les Pères Depelchin et Croonengberghs revenaient en Europe recruter des sujets et trouver de l'argent. Aux cœurs généreux ils pouvaient promettre des conquêtes apostoliques dans l'avenir sans doute, mais, pour le moment, des croix en abondance. L'histoire du Père Law, mort dans la brousse en voyage d'exploration, du Père Teroërde probablement empoisonné par un roitelet cafre, des autres Pères arrêtés par le roi Lo Bengula, dans l'impossibilité morale d'exercer leur zèle autrement qu'en cachette, et réduits à attendre : tout cela c'était la réalité crucifiante. Mais c'est justement ce qui attirait... Et comme, en ce temps-là, 1880, les récentes expulsions faisaient à beaucoup de professeurs en France des loisirs forcés, on s'offrit en masse pour la mission nouvelle.

Ici, cédons la parole à celui qui était alors le

Père spirituel de la petite communauté d'Angers.
« Le bon Frère Marc, écrit le Père Peultier, venait
chaque dimanche et m'ouvrait sa conscience avec
la simplicité d'un Stanislas ou d'un Louis de Gonzague. Un jour donc, durant sa visite hebdoma-
daire, je fus amené, je ne sais comment, à lui dire
à quels signes, suivant moi, on pouvait reconnaî-
tre une véritable vocation de Notre-Seigneur. Après
quelques éclaircissements, voilà qu'il me dit :
« Mais, mon Père, d'après cela, il me semble que
« je suis appelé à la mission du Zambèze. »

« Tout étonné, car il ne m'en avait jamais soufflé
mot, je le fis parler ; et, en vérité, à moins de me
donner à moi-même un démenti, je dus reconnaî-
tre, en ce qu'il me disait, tous les indices que je
venais d'indiquer. Je ne voulus pourtant pas répondre encore ni oui ni non : je lui conseillai de
prier, de réfléchir devant Notre-Seigneur, de faire
la sainte communion à l'intention de connaître la
volonté d'en haut et de m'en reparler à sa prochaine visite. Il revint donc, ayant écrit l'examen
qu'il avait fait de la question. »

Cet examen, nous en retrouvons la substance
dans ces pages écrites le 8 septembre 1883. Il énu-
mère d'abord les raisons qui lui font souhaiter, en
général, la vie des missions lointaines.

« Je désire et j'ai toujours ardemment désiré de
faire le plus possible pour Dieu, me sacrifier pour
Lui absolument et sans réserve, me donner tout à
Lui. Je désire travailler et souffrir le plus possible

pour N.-S., l'imiter en tout, le glorifier par ma vie
et par ma mort.

« N.-S. me demande des âmes. En Europe, il y
aura toujours beaucoup de missionnaires... C'est
donc en mission chez les infidèles que je dois désirer gagner des âmes en me dévouant, en souffrant,
en offrant ma vie.

« Mon désir le plus ardent a toujours été de me
dévouer absolument à N.-S., de mourir pour Dieu :
nulle part je ne puis le faire comme en missions.
Je demande donc les missions dans ce but et j'offre
à Dieu ma vie pour sa gloire et pour les âmes.

« J'ai toujours éprouvé le désir de faire pour N.-S.
plus que je ne faisais ; il me semblait que j'étais
dans l'attente de quelque grande grâce et de quelque grand sacrifice.

« Dans les missions je trouve tout ce que je puis
désirer, et de plus l'activité, l'élan duquel j'ai
besoin pour m'oublier. J'y suis loin du monde,
oublié, me dépensant tout entier, souffrant, mourant pour le bon Dieu, l'imitant aussi parfaitement
que possible dans sa pauvreté, séparé de tout ce
à quoi je puis tenir sur la terre, parents, amis, ne
vivant plus qu'avec Dieu, pour Dieu.

« C'est le travail et le sacrifice continuel, mais
avec cette activité, cet élan dont j'ai, ce me semble, besoin pour être dans la joie, pour me donner
tout entier et pour m'oublier.

« Quoi qu'il arrive, je ne puis regretter quoi
que ce soit, car j'aurai toujours Dieu, mon unique

bien, et tout ce que je laisse derrière moi n'est que vanité, frivolité; l'expérience et la raison me le disent.

« Je ne regretterai jamais de m'être donné tout à Dieu, de m'être sacrifié pour Lui, de lui avoir offert ma vie, enfin d'avoir fait pour Lui le plus possible. »

Mais pourquoi, en particulier, la mission du Zambèze? « La vie, le ministère au milieu des nègres, poursuit-il, n'a, par la grâce de Dieu, rien qui m'effraye. Nulle part je ne puis espérer être plus à Dieu, souffrir et me dévouer davantage pour Lui; c'est là surtout que je puis espérer mourir pour Lui.

« Le Zambèze a toujours eu pour moi l'attrait le plus vif; c'est en demandant cette mission, en y pensant, en la désirant, que j'ai senti grandir en moi la vocation de missionnaire. — Toutes mes prières, mes réflexions, ne font que me fortifier dans la pensée que je suis appelé de Dieu à cette mission et que je dois la demander pour m'y dévouer à la gloire de Dieu et au salut des âmes, pour y souffrir et y offrir ma vie...

« Cette demande que je fais me remplit de joie et de consolation depuis six mois; elle fait mon bonheur, me détache de tout ici-bas, me porte vers Dieu...

« J'espère enfin, avec la grâce de Dieu, qu'à l'heure de ma mort et du jugement je serai très heureux de ce que je fais aujourd'hui, et que, pour l'avoir fait, je me trouverai dans une pleine joie, en un bonheur parfait, *me inveniam cum plena voluptate et gaudio*[1]... *Omnia per Matrem et ad majorem Dei gloriam.* »

Il ajoutait, précisant quelques points particuliers : « Cette mission m'offre un genre de vie, des travaux, des souffrances qui sont plus selon mon caractère et mon tempérament. On y a à déployer de l'activité, de l'énergie, on n'a guère le temps de penser à soi. On y est entouré de mille dangers et toujours sensiblement entre les mains de la Providence. On ne peut y perdre un instant Dieu de vue, car on a la mort auprès de soi à tout moment...

« Il y a de grandes fatigues... Capable, je crois, (supporter toutes les privations par tempérament et par caractère, je puis très facilement me passer de bien des choses. — On y trouve une extrême pauvreté, le dénument, le sacrifice de tout, c'est ce que je désire. — Car un travail obscur, mais plein de mérites, et par conséquent plein de fruits pour la gloire de Dieu et le salut des âmes, c'est précisément ce que je cherche, ce que j'ai toujours désiré. Enfin, c'est la mort après quelques années; c'est le comble de mes vœux ! J'ai toujours eu l'idée de procurer la gloire de Dieu, de sauver des âmes en me dévouant et en offrant ma vie. »

Le Frère Marc écrivit donc ses désirs au R. P. Provincial, qui était le Père Chambellan. Celui-ci

1. *Exercices* de saint Ignace.

demanda au Père Peulter ce qu'il pensait d'une vocation aussi inattendue.

« Ma réponse fut que j'inclinais à croire à son origine divine, mais que je croyais prudent de la mettre à l'épreuve du temps. Je l'avais d'ailleurs averti que, sa démarche faite, il devait se tenir tranquille, confier ses affaires à Notre-Seigneur et être prêt à considérer comme sa volonté ce que les supérieurs décideraient. Quelque temps après il fut averti que Sa Paternité (le T. R. P. Général), informée de sa démarche, avait fort approuvé sa générosité, mais laissait la décision à la prudence du Père Provincial. »

Cette épreuve du temps fut pénible à l'âme ardente du Frère Marc. Il se demandait, et il demandait à ses supérieurs, à quoi bon poursuivre des études littéraires qui, au Zambèze, chez les Cafres, lui seraient d'une si complète inutilité. Les supérieurs ne l'écoutaient pas. Ils hésitaient à se priver d'un sujet aussi remarquable. Consulté, le P. Taupin, supérieur du frère Marc, répondit tout net qu'on ne devait pas faire ce sacrifice : le frère Barthélemy rendrait plus de services, et plus signalés, en Europe qu'en Afrique. Donc il fallut attendre.

Le Frère, en mars 1884, ayant conquis son diplôme de licencié ès lettres, pensait bien qu'on allait lui donner sa feuille de route pour le Zambèze. Il fut très désappointé : on l'envoyait au collège de Cantorbéry remplacer un professeur de troisième en détresse.

L'année se passa, puis une autre. En octobre 1884, le Frère Marc montait avec ses élèves en seconde. Est-il besoin de dire qu'il entendait remplir son emploi en apôtre? « L'essentiel, disait-il, est de faire un peu de bien à ces enfants en les faisant travailler et en les portant à Dieu. Pour cela, ce qui me manque, c'est d'être vraiment surnaturel et tout à fait Jésuite. Être saint, être tout à Dieu : il n'y a que cela au monde. Nous religieux, nous Jésuites, nous ne pouvons rien en rien si nous ne sommes pas cela. » Il disait encore : « Plus je vais, plus je me vois bas et indigne de Dieu. Et pourtant, plus je constate qu'il n'y a qu'une chose : être tout à Dieu. Bien des âmes, perfection, bonheur, ciel, c'est être tout à Dieu. »

Si nous l'en croyons, il fut un professeur médiocre. Ce n'est l'avis ni de ses collègues ni de ses anciens élèves. Mais il n'y avait qu'à le laisser dire. Il écrivait : « Je crains fort d'être un très ennuyeux personnage pour mes élèves, mais qu'y faire? Ils n'auront à me souffrir qu'un an, et ils se consoleront l'année prochaine auprès de quelque brillant professeur qui ne me ressemblera pas. » Un autre jour il donne le programme d'une séance qu'il prépare et ajoute : « Le tout nécessairement très ennuyeux. Passons. Je n'aime pas à parler de ces choses-là. » Mais, tout de suite, il en vient aux succès d'un collègue. « La séance du 15 mai a été enchanteresse; c'était du superfin, de l'enlevant, du ravissant au troisième ciel. » Et il continue pendant

une page. « Le temps file très vite, dit-il encore, et
bien rempli. Je vais très bien, comme ces vieux
ustensiles trop vilains vraiment pour être ébréchés...
Les autres s'éreintent, le P. P... est toujours plus ou
moins en bronchite, le P. G... est au lit depuis hier. »
Il se définissait « un gaillard *qui ne connaît plus
ni chaud ni froid,* et qui semble taillé pour vivre
encore quatre-vingts ans, ce qui le chagrine bien un
peu. » — Notons au passage cette confidence involontaire sur son esprit de mortification. Évidemment il s'*entraînait* à la vie de missionnaire.

Il avait maintenant l'assurance qu'un jour ou
l'autre il serait envoyé au Zambèze. Il espérait
qu'on ne tarderait pas à lui faire faire sa théologie,
et que, le sacerdoce reçu, il pourrait partir... Grosse
déception ! En septembre 1885 il quittait Cantorbéry, non pas pour le scolasticat de Jersey, mais
pour l'Irlande. Il allait à l'école apostolique de
Mungret, près de Limerick. En fait, Limerick était
une première étape vers le Zambèze. Il allait pouvoir, durant un an, s'initier à la langue et aux cou-
tumes anglaises, indispensables dans l'Afrique du
Sud. En attendant l'heure définitive, il priait, confiant en Marie qui ne pouvait que le mener à bon
port.

Enfin, dans le courant de juillet 1886, il pouvait
annoncer que le moment était venu. On avait besoin
d'un professeur au collège de Grahamstown, et le
supérieur de la mission, le Père Weld, demandait
au Provincial de Paris qu'on voulût bien lui en-

voyer sans tarder le Frère Barthélemy. Grande joie, mais joie mêlée. Ce départ allait amener un retard dans ses études théologiques, donc reculer pour lui le sacerdoce, l'immobiliser dans des études littéraires pour lesquelles il se déclarait « bouché », le mettre en pays de mission sans y être missionnaire. Mais enfin, c'était l'Afrique, la proximité des noirs, et, à portée, la véritable vie d'apôtre.

Un second sacrifice, plus radical que celui de la vocation religieuse, s'imposait donc à son cœur de fils et de frère. Mais « c'est la vie ! Jésus doit être notre unique amour, celui auquel nous sacrifions tous les autres ! »... « Donnons sans compter et toujours. Je me souviendrai longtemps de ce lundi soir, emporté que j'étais loin de toi... Ce n'est que Jésus, que l'obéissance, qui peut nous séparer, mais ce même Jésus unit nos cœurs dans un indissoluble amour. Les distances ne sont rien ! En Jésus, en Marie, éternellement unis. »

Le voyage des adieux fut dur au cœur de tous. Mais le Frère Marc garda sa calme possession de soi, qui s'imposait et rayonnait la paix. Il faisait le sacrifice comme naturellement, sans phrases, sans s'amollir, les yeux sur l'éternel rendez-vous. Lorsqu'il consentait à s'ouvrir sur le mystère de son appel aux missions, l'on voyait que l'enthousiasme n'y était pour rien, pour rien les attraits humains. Une seule chose l'attirait, le moyen de s'immoler davantage.

Il ne voulait pas quitter l'Europe sans avoir revu

le Père Peultier, son père spirituel à Angers, le premier confident de ses rêves apostoliques. « Je tins, nous écrit le Père, à lui donner cette consolation, et à moi aussi. Nous avons passé cette journée, lui, son père et moi, à visiter les magasins de Paris où ses parents pouvaient trouver des objets qu'il pût emporter avec lui. Le bon Frère ne cessait de protester : « Je n'ai pas besoin de ceci, ni de cela, c'est « de l'argent perdu, » etc. Plusieurs fois je lui dis : « Mais laissez donc faire; si cela ne vous sert pas, « cela pourra servir à d'autres. Vous ne voyez pas « que c'est leur consolation, à vos parents, de vous « laisser le plus possible d'objets dont l'usage, es- « pèrent-ils, perpétuera le souvenir de leur affec- « tion? »

« Le soir, nous nous dîmes adieu, et je ne puis me rappeler ce moment sans être encore tout touché de l'émotion qu'il laissa voir, me remerciant d'avoir servi d'instrument à Notre-Seigneur pour lui procurer la grande faveur qui lui était accordée. »

Sa vaillante mère elle-même lui rendait ce témoignage : « Sa vue donne du courage. Il est tellement généreux ! Cet esprit de surnaturel qui domine chez lui est admirable. Quelle douceur et quelle paix malgré la souffrance ! Sa vue ranime. Tout est embaumé à son passage. »

Enfin le moment des adieux sonna. Il avait, avec ses pieux parents, visité une dernière fois les chers sanctuaires de Paris, Notre-Dame des Victoires, le Sacré-Cœur. Puis, dans la chapelle de la rue de

Sèvres, à l'autel des Martyrs, tous avaient communié de la main du R. P. du Lac, sceau divin mis sur tous ces cœurs immolés. Sa mère écrivait encore : « Comme il a été beau et grand dans le sacrifice! Son cher visage, au moment du départ, était si expressif! Toutes ses veines gonflées. Son cœur s'y peignait. Ses yeux pleins de larmes. Avant de quitter l'hôtel, à genoux devant nous, il avait l'air d'un saint pour recevoir notre bénédiction. Mais vite, pour ne pas s'émotionner. Jamais je ne pourrai oublier tout cela. »

Quelques jours plus tard, il écrivait d'Angleterre : « Je vous parle de moi quand je ne pense qu'à vous, à vous que j'offre au bon Dieu, comme ce que je puis lui offrir de plus aimé... C'est pour Dieu seul que je vous quitte. C'est là ma consolation, ma joie! Ne faut-il pas que je sois tout aux affaires de mon Père? »

Puis, à Londres, après sa dernière communion sur le vieux sol d'Europe : « Comme on sent bien que Jésus est l'unique ami, celui qui sera toujours là pour donner ce dont on a besoin! Je suis heureux de me trouver parmi ses apôtres et ses missionnaires, sur cette route qu'il m'ouvre pour sa plus grande gloire, et où il me conduit par Marie... Nous sommes partis de Londres... Moi, il y a quatre jours que j'avais rompu les câbles. Cette dernière pensée fut à Marie, notre bonne Mère du ciel. Ce devait être en la priant que je devais couronner le sacrifice, elle par qui je suis conduit,

elle à qui j'appartiens dans le temps et dans l'éter
nité. »

Disons-le tout de suite : le Frère Marc, ayant fait
son sacrifice, entendait bien, dans la mesure où la
chose dépendrait de lui, qu'il serait définitif. Il
s'interdit toujours de regarder en arrière. Sans
doute, très régulièrement, sa correspondance allait
consoler, réconforter, nourrir de surnaturel tous
les êtres bien-aimés qu'il avait quittés pour Dieu.
Toutes les « malles » qui quittaient le Cap pour
l'Europe emportaient quelque lettre de lui, courte
ordinairement, mais affectueuse et tendre, pleine
de virils conseils et d'appels à l'esprit de foi; et il
guettait les réponses. Mais il ne fallut jamais lui
parler de revenir en Europe. L'holocauste avait été
et devait rester sans rapine.

Le 1ᵉʳ septembre, il s'était embarqué à Southamp-
ton sur le *Garth-Castel*. Le 23, après une traversée
sans incidents, on touchait au port : « Nous voyons
l'Afrique, et dans le lointain quelque chose qui doit
être le Cap. J'ai salué cette terre par un *Magnifi-
cat*. » Le lendemain, fête de N.-D. de la Merci, il
débarquait, et deux jours après il arrivait à Grahamstown.

IV

1886-1892

Le Frère Marc resta six ans à Grahamstown. Il dut se remettre au métier de professeur. Il eût souhaité une tout autre vie. « Je n'ai pas encore affaire avec les noirs, écrivait-il peu de temps après son arrivée; malheureusement! Mais cela viendra. Les enfants ont les meilleures figures du monde, les yeux intelligents, l'air... « candide ». Quant aux hommes, bon gros nègre a toujours la figure épanouie. » Mais l'heure n'était pas encore venue.

Dans la colonie du Cap, à Dunbrody, au district de Keylands, les Jésuites avaient quelques modestes œuvres cafres. Mais dans la vraie mission, chez les Matabélés, depuis six et sept ans, aucun apostolat direct n'avait été permis, et pas plus à eux du reste qu'aux protestants. Le roi Lo Bengula, brave homme par ailleurs, bienveillant, jovial, intelligent, déclarait que ses sujets, des guerriers, n'avaient aucun besoin d'être instruits, et pas plus de la religion que de l'agriculture. Quant aux tribus esclaves, Mashonas et autres, leurs chiens, elles n'en valaient pas la peine. Dès lors, que faire? Attendre, patienter, préparer l'avenir, rendre des services, envoyer au

ciel des enfants moribonds, convertir quelques pauvres Hottentots égarés dans le pays. Mais il importait de rester et de ne pas abandonner le poste aux
seuls protestants.

Lui aussi, comme les autres, le Frère Marc dut
patienter. Il se partagea entre ses devoirs de professeur et l'étude de la théologie. Grande consolation : on lui faisait entrevoir le sacerdoce pour la
fin de 1887. Et ainsi le départ pour l'Afrique, loin
de l'écarter de l'autel, l'en rapprochait. Il se prépara par un redoublement d'intensité dans la vie
intérieure. Sa correspondance nous en dit quelque
chose : « Donnons-nous, cher frère, donnons-nous
encore et toujours plus à ce Jésus si bon, si ineffa-
blement aimant. Quel bel office, n'est-ce pas? que
celui de cette fête (du saint nom de Jésus)! Le cœur
d'un Jésuite n'est satisfait que quand il a mis tout
cela en pratique, quand Jésus a rempli son cœur,
son âme, toutes ses facultés; quand il respire Jésus,
ne goûte plus que lui et le fait respirer autour de
lui. C'est que bien véritablement il n'y a de bonheur, il n'y a de vie possible ici-bas pour un religieux et un Jésuite qu'en étant l'homme de Dieu,
donné sans limite à Jésus et à Marie, perdu en eux...

« ... Plus je vais, plus je sens le besoin que nous
ne vivions plus que pour le bon Dieu. En lui seulement notre âme vit et se repose, notre cœur aime
vraiment, se sent aimé et se dilate. Comment peut-
on vivre sans lui? et comment un Jésuite peut-il,
pourrait-il vivre et être heureux, sans être l'intime

de cœur de Jésus et l'enfant de Marie, le petit
enfant simple, confiant, de cette incomparable
Mère? »

.Nous avons quelques feuillets de ses notes de
retraite en cette année d'attente, 1887; c'est à
chaque page, presque à chaque ligne, la même
ardeur d'amour pratique, le même besoin de détachement radical. Continuellement il y répète : « Je
ne veux rien que ce qui mène à Dieu... Me voici à
Vous, mon Dieu, à jamais : il me faut Vous, Vous
toujours... Être à Notre-Seigneur le plus possible,
à quelque prix que ce soit. *Insignis*[1] partout, toujours... Me débarrasser, me dépouiller et ne tenir à
rien, (même) de ce qu'il est raisonnable de garder...
La croix, mon trésor, mon bien, ma joie!... Un seul
ami qui me remplace tout : Jésus, et Marie, ma
Mère... Fidélité scrupuleuse à toute règle. Travail
assidu. Me débarrasser de tout ce qui n'est pas « le
« moins possible ». Faire tout comme pour mourir,
ou de telle sorte que je puisse mourir après... Être
dans le vrai : pas d'illusions. Juger des choses
comme Jésus, selon son cœur, comme les élus...
M'efforcer de mettre de la joie dans ma vie, par le
surnaturel et l'esprit du *laudare*[2] de saint Ignace :
voir les choses du bon côté... M'oublier *pro Christo,
cum Christo.* »

Il écrivait encore, après toute une série d'offrandes, commentant le *Suscipe :* « (Jésus) accepte

1. « Insignes se exhibent. » *Exercices* de saint Ignace.
2. « Homo creatus est ut laudet. » *Exercices*.

mon offrande... Mais c'est vous, ô Jésus, qui devez
l'exécuter. Recevez, mais prenez. Si quelque chose
n'est pas à vous dans mon cœur, venez à mon aide
et brisez-le. Que tout en moi soit à vous. Que je ne
veuille et n'aime et n'agisse que selon votre cœur.
Que je ne vive que de votre amour, par amour,
absolument à vous. Que le don de moi-même soit
entier, absolu, complet dans tous les sens possibles.
Recevez-moi tout entier, prenez-moi tout entier,
avec toute la puissance, la perfection, l'efficacité de
votre action divine. »

Ceux qui ont vu de près le Frère Marc nous diraient
si c'étaient là de vaines paroles. Et c'est très sincèrement aussi qu'il continue à parler de son indignité.
« Je ne suis pas un saint, disait-il, pour être passé
dans l'hémisphère austral ! » Il est un serviteur inutile. Dès lors à quoi bon la vie ? Ces désirs de la mort,
du martyre même, ne font pas de lui un mélanco-
lique ; il s'en faut. Mais il est prêt à disparaître,
comme il est prêt à travailler.

« Triste n'est pas la mort, écrivait-il à un affligé,
mais le commencement de la bienheureuse éternité ;
et vraiment, dans la Compagnie, la mort n'est que
l'accomplissement, le dernier de nos désirs, la réa-
lisation de tous nos vœux, la complète union à Jésus,
le tout à Lui et à Marie pour l'éternité. » Conclusion : « Considérer et sentir les choses comme le
font les élus. Pauvre terre ! Soyons heureux de
nous en détacher et d'y souffrir s'il plaît à Dieu.
Vivre et mourir tout à Jésus et à Marie. »

Mais ce n'est pas vers la tombe qu'il regardait en ce temps-là, c'est vers l'autel.

« Voilà le jour que le Seigneur a fait, écrivait-il au soir de Pâques. J'espère qu'il m'en prépare un autre, Lui et ma Mère Immaculée. J'ai au cœur la douce espérance que le jour où je monterai à l'autel n'est pas loin. Mon cœur est tout à cette pensée, j'y rêve nuit et jour. Un jour ce ne sera plus un rêve : ma fête des fêtes commencera, fête sans lendemain, car chaque soir je pourrai m'endormir en me disant : « Demain! — demain, ce matin et encore demain. » C'est le bonheur du ciel, et Jésus et Marie me le préparent pour cette terre... Je suis effrayé de mon bonheur, mais Marie, à laquelle je dois tout, préparera mon cœur pour ce Jésus qu'elle a, la première, offert au Calvaire.

« La journée est finie, fête passée! Quand sera celle qui ne finira pas? Au ciel... Mais bientôt aussi pour moi sur la terre, quand Dieu me fera son prêtre pour l'éternité; alors chaque fête aura son lendemain, toujours plus grande fête, bonheur de jour en jour plus apprécié.

« La journée est finie, et je vous dis, bien-aimés parents, l'adieu du soir en répétant à notre Mère du ciel que nous lui appartenons. Qu'elle nous garde et nous défende comme son bien et sa propriété! »

Sa correspondance, pendant un an, est pleine de cette pensée, l'autel, la messe.

« A la veille de ce grand bonheur, je suis bouleversé... Je touche à ce ciel, à ce bonheur de ma vie, à ce paradis désormais sans fin...

« Je ne vis plus que de cette céleste attente. L'autel m'inonde de joie. Mon cœur n'a jamais rien désiré autant, et que pourrait-il désirer de plus ?

« Le voilà donc dans quelques jours, cet autel que vous m'avez fait connaître et aimer il y a si longtemps ! J'y vais plein de vous, sachant que Dieu récompense en moi bien indigne les vertus de mes bien-aimés parents. »

Au moment d'entrer en retraite, le 8 décembre : « Ma joie est inexprimable, je suis étouffé de bonheur. » Par contre, si vive était son attente qu'il se sentait comme « sous le feu du purgatoire ».

Enfin le grand jour arriva, 17 décembre, et, l'ordination finie, il se hâtait d'écrire :

« *Benedictio Dei omnipotentis, Patris, et Filii, et Spiritus Sancti descendat super vos et maneat semper. Amen.*

« Bien-aimés parents, je sors de l'ordination, incapable dans mon bonheur de rien dire. Mais la bénédiction du Dieu tout-puissant descend des mains consacrées de votre fils sur vos têtes chéries et vous comble de toutes grâces, chers parents à qui je dois tout et auxquels désormais, infiniment puissant, je puis verser à pleines mains les dons du ciel...

« 18 décembre. Chers parents, j'ai dit ma première messe ! Votre fils, pour lequel vous avez tout fait, maintenant prêtre du Dieu Très-Haut, a offert la divine victime du Calvaire, a opéré le plus incom-

préhensible miracle et tenu dans ses mains ce Jésus
bien-aimé que Marie Immaculée a la première touché et porté. Mes bien-aimés parents, comme j'ai
parlé de vous à Jésus dans ce sublime tête-à-tête!
Comme je vous remercie aujourd'hui de cet autel
que je possède, et que vous m'avez appris à aimer,
auquel vous m'avez envoyé si tôt, si jeune, pour le
posséder enfin à l'heure de Dieu! J'ai tout mon
bonheur et suis infiniment heureux. Je vous remercie et vous bénis.

« Ce n'est pas, vous le sentez bien, qu'il n'y ait
un grand et immense sacrifice que nous avons à
offrir à Dieu. Mais si près du ciel, laissons loin les
pensées de la terre... Votre fils prêtre vous bénit de
loin, plus efficacement peut-être qu'il ne le ferait de
près, et quand il offre pour vous, dans cette Afrique
qui la connait si peu, la victime infinie, croyez-vous
que, devant Dieu, il n'y ait aucune différence? Notre
consolation, laissons cela à son divin cœur, si doux,
si délicat, si indiciblement aimant... »

Citons encore ce fragment d'une lettre à son
ancien Père Maître : « Que vous dire des sentiments
de mon cœur pendant tous ces jours? Je suis im-
mensément et profondément heureux... Je ne désire
plus rien, si ce n'est d'offrir à Dieu ma vie qu'il a
comblée de tant de grâces. Oh! que je voudrais
aimer Jésus des millions de fois plus que je ne le
fais et être tout, tout à lui! Mon cœur déborde de
reconnaissance et de joie; mais je voudrais être
vraiment un saint, un prêtre de la Compagnie tel

que saint Ignace en veut. Je l'ai bien demandé la
première fois que j'ai offert la victime toute-puis-
sante, et le demande continuellement. Je me livre
tout à Dieu et à Marie, je le leur ai dit et promis
alors aussi... Ils le méritent bien ! »

En septembre 1888, le Père Barthélemy fut nommé
préfet des études et ministre du collège. Inutile de
chercher à raconter l'histoire de ces labeurs obscurs. Nous savons quel était son programme : « Avec
les enfants, office des anges gardiens. Avec les
nôtres, voir en eux Notre-Seigneur, les enfants de
la Compagnie. Avec les supérieurs : voir Dieu, sa
volonté... Un seul ami qui me remplace tout : Jésus
et Marie, ma mère. »

Ses charges nouvelles lui offraient une belle occasion de mettre en pratique son idéal de sacrifice. Il
en profita largement. Ceux qui le virent à l'œuvre
nous disent qu'ils en gardent une impression profonde : « En vérité, déclare un de ses confrères,
c'était une grâce, un bonheur d'âme de vivre avec
lui et de travailler sous sa direction. Il était à un
très haut degré l'homme de bon conseil. Sur tout
ce qui arrivait, il avait des vues larges, dont le
centre était Notre-Seigneur, Notre-Seigneur aimé
d'un amour sans réserve. Sa charité fraternelle était
immense. Tous les Pères et Frères en parlent d'après
leur expérience personnelle. »

Son supérieur lui rendait le même témoignage :
« Le cher Père Marc est en retraite. Il est toujours
excellent et très dévoué. C'est mon bras droit. Il

possède toute mon estime et toute mon affection. Sans lui je ne sais pas ce que j'aurais fait. »

Le R. P. Daignault fait allusion ici à une épidémie de diphtérie qui éclata en 1888. Un élève, revenant de chez ses parents, avait apporté le germe : le mal se propagea chez ses condisciples avec une rapidité effrayante. On fut obligé de les conduire à quatre-vingts milles de là, dans la ferme de Dunbrody. « Nous étions loin des médecins, écrit encore le supérieur, et nous n'avions pas d'infirmiers qualifiés. Mais le bon Père Marc était là, inlassable, veillant jour et nuit avec la tendresse d'une mère sur tous nos enfants malades. Il fallait voir combien ses soins étaient appréciés, comment sa présence réjouissait tous les cœurs et épanouissait tous les visages. »

Pour lui, voici comment il présentait les choses : « C'était comme la peste de la fable, et tous étaient frappés, et je suis l'âne, je crois, mais avec de vraies et réelles fautes qui attirent sur nous le châtiment de Dieu ». Et à sa mère : « J'ai le bonheur d'avoir une bonne part de la besogne de garde-malade. Je t'assure que je me fais ma petite expérience et que, si je ne suis pas docteur, je deviens assez bon, ou plutôt pas trop mauvais praticien. Cela m'aidera peut-être à rendre plus tard quelques services. Vraiment, je ne sais pas à quoi je serai jamais bon. » Et plus loin : « Je me fais vieux, et ne suis que médiocre en tout ce en quoi je ne suis pas tout à fait mauvais... Tu ne me crois pas? mais tu es une

maman!... Je sens que je suis uni à Marie (il écrit
pendant le mois de mai), qu'elle m'entend, me
comprend, et en elle est tout mon repos, mon
espoir, ma vie. Elle sauvera et sanctifiera son pauvre
enfant! »

Il était absolument sincère dans ces protestations.

Ces années de labeur obscur et de dévouement à
l'intérieur de la communauté se prolongèrent plus
qu'il ne l'avait prévu. Il en vint à penser qu'après
tout c'était là sans doute sa voie véritable et définitive: « Grâce à Dieu, écrivait-il au Père Platel, j'ai
eu une assez bonne année, très occupée, et ces occupations sont assez en rapport avec mes aptitudes,
ministre, préfet, etc. Le bon Dieu, en disposant
ainsi les choses, a sans doute voulu prouver qu'il
me voulait ici et me faire abandonner tout autre
projet ou désir. J'espère faire quelque bien. »

Nous trouvons de même griffonné au crayon sur
un bout de papier de date postérieure, notes prises
sans doute pour quelque ouverture de conscience
avec un supérieur : « Mes occupations me convien-
nent pleinement. J'aime l'éducation. J'aimerais à
organiser... Je suis fait pour les affaires ordinaires,
pour diriger le matériel d'une maison, d'une école,
pour être secrétaire. Mais pas du tout pour prêcher,
pour les œuvres extérieures... »

Le Père Marc en était là quand tout à coup les
horizons s'ouvrirent devant lui.

V

1892-1893

En 1887, de meilleurs jours avaient paru s'annoncer pour la mission noire des Matabélés. Lo Bengula, comprenant que son peuple ne pourrait pas vivre indéfiniment de guerre et de razzias chez les tribus voisines, avait enfin permis aux Pères fixés près de lui de leur enseigner l'agriculture et l'industrie. D'autres concessions suivraient sans doute, et déjà le Père Prestage profitait de la liberté restreinte qu'on lui laissait pour catéchiser les enfants. Tout à coup, ordre fut donné aux blancs, quels qu'ils fussent, de disparaître. Qu'était-il arrivé?

C'était au pays des Mashonas, l'ancien Monomotapa, à l'est de Bulawayo, chez des populations faibles et paisibles, que les Matabélés allaient faire les pillages dont ils vivaient. Ils entendaient y rester les maîtres. Par contre, le Portugal le réclamait comme ayant été jadis exploité par lui; les Boër du Transvaal convoitaient ce haut plateau si bien fait pour leur vie demi-nomade. Les Anglais le tenaient pour un *bonum derelictum* dont il importait de tirer profit.

Justement, vers ce temps-là, le célèbre homme d'État Cecil Rhodes commençait à réaliser un vaste plan d'absorption par l'Angleterre de tout le pays au sud du Zambèze. Il venait d'organiser la *British South Africa Chartered Company* pour le « développement du protectorat de Bechuanaland et des contrées situées plus au nord ». Lo Bengula avait enfin cédé à la pression anglaise, et permis de s'installer au Mashonaland. La *Chartered Co*, comme on disait en abrégé, se prépara donc à prendre possession du sol convoité et de ses mines d'or. Là-dessus, grande effervescence à Bulawayo. Le roi, intelligent comme il était, sentait qu'il n'y avait pas à résister à l'envahissement des blancs ; mais il ne put tenir tête à son peuple. Les blancs furent congédiés, et les missionnaires, comme les autres, durent s'éloigner.

Mais ils ne s'éloignaient par un chemin que pour rentrer par un autre. La *Chartered Co* envoyait vers les pays du nord une première colonne expéditionnaire. Les Jésuites, s'étant proposés comme chapelains, furent agréés. Avec eux partirent des religieuses dominicaines chargées des ambulances. Et ainsi les missionnaires revenaient à leur poste, en octobre 1890, dans les chars à bœufs de Cecil Rhodes

Une ère nouvelle commençait pour la mission du Zambèze. Mais les conditions de l'apostolat n'étaient plus les mêmes. Le premier travail qui s'imposait maintenant, c'était de s'occuper des Européens catholiques, mineurs, soldats, colons, qui commençaient à venir. Çà et là des villes neuves s'ébauchaient, Salisbury, Victoria, Fort-Charter. Il y fallait des prêtres, des religieuses, des églises, écoles, hôpitaux. Les missionnaires eurent donc leur large part aux épreuves et aux dangers de la première heure, vivant de la même vie que les autres et dévoués au service de tous. De là une popularité qui ne s'est pas démentie et qui, entre autres preuves, fut attestée par la sympathie très pratique que Cecil Rhodes, tant qu'il vécut, ne cessa de leur témoigner. Nous en verrons plus loin les effets.

Vingt-cinq ans ont passé. La mission du Zambèze s'est lentement développée. Dès 1892, elle avait été séparée en deux : le *Bas-Zambèze* était attribué aux Jésuites portugais ; le *Haut-Zambèze*, ou *Rhodesia*, à ceux de la province d'Angleterre. Nous n'avons pas à dire ici comment les missionnaires portugais, en 1910, furent, par la révolution, expulsés des chrétientés péniblement fondées, remplacés par des religieux allemands du « Verbe divin », lesquels à leur tour ont été congédiés à la suite de la guerre et n'ont pas eu de successeurs. Quelques débris des œuvres avaient pu être transportés au delà des frontières, en terre libre, sous le drapeau anglais. Là, au nord du fleuve Kafué, une quinzaine de Jésuites polonais (province de Galicie), dont 8 prêtres, administrent trois ou quatre postes.

Quant à la mission du Haut-Zambèze, dépendant

de la province d'Angleterre, elle comprend de 85 à
90 Pères et Frères : 25 ou 30 sont employés dans la
colonie du Cap et ne relèvent pas du préfet apostolique de la Rhodesia. Le reste travaille au Matabe-
leland, au Mashonaland et au nord du Zambèze
chez les noirs et chez les Européens. Les Jésuites
y ont pour collaborateurs une dizaine de Cisterciens,
congrégation de Marianhill, dont trois prêtres. Ajoutons 90 religieuses dominicaines, 8 sœurs de Notre-
Dame, 14 sœurs du Précieux-Sang; Bulawayo a ses
deux églises, celle des blancs et celle des noirs, son
collège de garçons, un pensionnat de jeunes filles,
une école indigène, un observatoire, etc. Autres
écoles, églises, hôpitaux, à Gwelo, Salisbury, Victoria, Livingstone. Œuvres indigènes multiples à
Epandeni, Embakwe, Salisbury, Chishawasha, Gokomere, Driefontein, Hama's, Monte-Cassino, Saint-
Triashill, Chikuni, Katondue, Kapoche, Kasisi,
Clungombe. Ces quatre derniers postes sont aux
mains des Galiciens. Dans ces progrès, le Père Barthélemy a eu sa part de mérites.

Au moment où la *Chartered Company* organisait
son expédition, il écrivait : « Elle va probablement
nous ouvrir l'intérieur jusqu'ici fermé. Moi, toujours ici, assez inutile, mais espérant qu'un jour
viendra où le bon Dieu se servira de moi et voudra
bien user mes forces à son service. » Enfin, ce jour
attendu arriva. Au printemps de 1892, il fut désigné
pour les missions de l'intérieur.

De Grahamstown, le chemin de fer le conduisit

jusqu'à Vryburg, à 900 kilomètres au nord, sur la frontière du Transvaal. La voie ferrée n'allait pas plus loin. 1.400 kilomètres encore le séparaient de Fort-Salisbury, chef-lieu de la colonie. Plus d'autres moyens de locomotion que les lourds « wagons » mis en usage dans le pays depuis deux siècles par les Boërs. On y empilait des tonnes de marchandises, et ils étaient attelés de quatre, six, huit paires de bœufs. On devine si la marche était rapide, surtout à travers un pays sans routes.

La petite expédition de 1892 se divisa en deux bandes. L'une, conduite par le supérieur de la mission, le R. P. H. Schomberg Kerr, était composée d'un renfort de missionnaires allemands. L'autre, celle du Père Barthélemy, comprenait des religieuses dominicaines et quelques frères. Le wagon du Père et de ses compagnons avait été baptisé le *Loyola;* celui des Allemands, le *Canisius.* On était parti le 8 avril au matin, veille des Rameaux.

L'interminable voyage se fit sans autres épisodes que les accidents inévitables en ces pays déserts : terrains défoncés par les pluies et chars embourbés, roues brisées, attelages qui s'arrêtent en pleine rivière au passage d'un gué, wagons qu'il faut vider pour les alléger aux endroits difficiles et dont il faut refaire l'empaquetage compliqué, un bœuf malade qu'on abat, un autre qui s'échappe la nuit, les conducteurs indigènes qui disparaissent. Puis la perspective des accidents possibles : le lion qui peut surgir tout à coup, la nuit, et emporter une

bête ou un homme, un coup de dent de crocodile, la
maladie, la fièvre, la surprise d'un parti de guerriers matabélés, et le reste.

Au surplus, voyage pittoresque. Dans le wagon
des Sœurs, dans celui du Père et des Frères, on
tâchait de garder la vie commune et régulière. Les
religieuses récitaient l'office en commun. Les Frères faisaient en commun la lecture spirituelle. Tous
les matins, la messe. Les dimanches et jours de
fête, autant que possible, arrêt dans quelque poste
où l'on avait chance de trouver des catholiques.
Alors, messe chantée en plein air, sermon, sacrements administrés. « J'en ai l'expérience, disait un
des voyageurs, cette vie de wagon est bonne à
l'âme. On a tout le temps de prier, et nous devons
supposer que Dieu récompense les efforts supplé-
mentaires qu'il faut faire. »

Pour lui, le Père Marc se montra, durant ces
longues semaines, ce qu'il était, vaillant, alerte,
dévoué. Son supérieur, bon juge en sa qualité d'ancien officier de marine, disait : « C'est un vieux
troupier, vieux non par nature, mais par grâce :
il n'est pas de difficulté qui lui résiste. »

Le 21 avril, le Père Marc écrivait de Mafeking :
« Me voici enfin sérieusement en route pour l'intérieur. Prie pour moi, que le bon Dieu accepte
mes services et ma vie, objet de tous mes désirs. »
Et plus loin, le 30 mai, du camp de Macloutsi :
« Mon voyage s'effectue tranquillement, sans grands
incidents et en parfaite condition de santé. J'ai

maintenant grande espérance d'être enfin un vrai missionnaire. Prie pour que la sainte volonté de Dieu s'accomplisse. Je crois que d'ici je me dirigerai vers Fort-Salisbury, en passant par Tuli, Fort-Victoria, Fort-Charter, et de Fort-Salisbury je puis avoir à me diriger vers le Père Hartmann, chez les Matokos, quelque 100 milles à l'est de Salisbury. Ce serait le comble de mes vœux ; en plein pays noir ! Mais encore une fois prie le bon Dieu d'accomplir sa sainte volonté. Il n'y a que cela de bon ! Jésus et Marie ont été tout amabilité depuis le commencement de ce voyage, et je vis uni plus intimement que jamais à eux. » (30 mai 1892.)

Enfin, après bien des accrocs, bien des arrêts, bien des ennuis, l'on approchait de la terre promise, le Mashonaland. On traversait les pays dépeuplés par lesquels, un mois auparavant, les Matabélés avaient passé. On trouvait des mines en exploitation. On rencontrait des chasseurs, parfois un ancien élève de Stonyhurst ou de Grahamstown. Vers le 8 juillet, les voyageurs étaient à Fort-Victoria.

Quelques files de huttes rondes en terre ou en pierre, c'était toute la ville. On y resta quelques jours. Le Père Barthélemy et un autre Père profitèrent de cet arrêt pour aller visiter à quinze milles de là les mines mystérieuses de Zimbabye, restes d'une civilisation disparue. Le 11 juillet ils se remirent en route vers le nord, et le 29 ils étaient à Fort-Salisbury. Le Père supérieur et les

Péres allemands gagnèrent de là Chishawasha, distant de quelques milles. Ils allaient inaugurer une exploitation agricole, autrement dit une mission, chez les noirs. La *Chartered Co*, en retour de services rendus, leur avait concédé là un vaste terrain. Quant au Père Marc, il attendit à Salisbury sa destination. Le voyage avait duré quatre mois[1].

Cependant le Père Schomberg Kerr s'était immédiatement occupé de parcourir le pays pour se rendre compte des lieux et savoir où fonder des postes. Il constata sur place que, chez les Matokos dont il avait parlé au Père Barthélemy, il n'y avait rien à faire pour le moment. Il le fit donc redescendre à Fort-Victoria, le chargeant d'explorer les environs en vue de stations à établir, et aussi de préparer dans la ville en formation les premières fondations catholiques.

Du premier coup, le Père Marc gagna l'estime et les affections des gens de la *Chartered Co*. Ils lui prêtèrent toute l'aide dont il avait besoin. Un journal du Cap écrivait vers ce temps-là : « Enfin, nous allons avoir à Victoria un hôpital avec un bon état-major de religieuses. Elles sont parties de Salisbury sous la conduite de Sœur Omega. Le Père Barthélemy est ici déjà, faisant d'excellent

---

1. Un récit détaillé de ce voyage a été donné par le Père H. S. Kerr dans les *Letters and Notices*, 1893-94, p. 109-121, 155-168, 229-235, et dans le *Zambesi Mission Record*, 1905, *History of the Zambesi Mission*, ch. XVII et suiv.

ouvrage parmi les malades... Quel que soit le *Credo*
personnel des gens, le bon Père va droit à eux,
souvent il les soigne lui-même et s'occupe d'eux
tant qu'ils sont en danger. » Suivaient quelques
plaisanteries sur les ministres protestants, leurs
églises vides, l'habileté d'un jeune prédicateur au
cricket. Puis le journaliste revenait aux missionnaires catholiques et à leurs travaux : « Quelles
agréables gens que ces saints religieux ! Je ne suis
pas catholique romain, mais je n'ai jamais rencontré un Révérend Père qui ne fût un charmant
homme. »

Six mois durant, le Père Marc parcourut les
environs de Victoria, cherchant un emplacement
où fonder une mission noire. Mais, sur plusieurs
points, les catholiques avaient été devancés. Le
district au sud des mines était déjà occupé par la
Dutch Reformed Church ; à l'est, on rencontrait
les émissaires de la *Berlin Society*. L'ouest et le
nord étaient libres sur un rayon de quarante milles, jusqu'au pays des Matabélés, pays assez peu-
plé. Les tribus de Mashonas semblaient n'attendre
que l'arrivée des apôtres. A pied, à cheval, en
dépit de la mauvaise saison, le Père Marc s'en
allait par les plaines et nouait avec les villages des
relations amicales. Le grand chef Zimutu lui con-
céda un coin de terre près de son *kraal* principal.
Au nord-ouest, la *Chartered Co* lui donna une terre,
qui est aujourd'hui la ferme-mission de Gokomere.

Tout s'annonçait bien. Populations dociles et bien

disposées ; surtout pas de protestants à portée
pour tout brouiller. Malheureusement, on ne fut
pas en mesure d'utiliser immédiatement ces petites
conquêtes, faute d'hommes et faute d'argent. L'a-
vance ainsi gagnée fut perdue. Sur ces régions,
qui semblaient devoir appartenir exclusivement
à l'influence catholique, d'autres eurent le temps
de s'établir. Lorsque plus tard, en 1909, on voulut
à Gokomere reprendre l'œuvre du Père Marc, on
dut se heurter à des obstacles qui, dix-sept ans
auparavant, n'existaient pas.

En janvier 1893, nous trouvons encore le Père
Barthélemy à Victoria. Il y est seul. — « Je suis
loin du monde. A nous Jésus donne ce que le
monde ne peut ôter. A nous, vérité sans ombre,
amour sans imperfection, confiance sans limite.
Scio cui credidi. Oh ! quelle part ! Jouissons de notre
bonheur ; aimons toujours davantage Celui qui
seul mérite d'être aimé ! »

Il ajoutait :

« Les choses sont très calmes par ici. Nous sommes en pleine saison des pluies, et c'est un peu
beaucoup la saison d'un général *statu quo.* Pourtant on ne cesse de chercher et de trouver de l'or.
La contrée semble vraiment riche. Pas mal de
fièvre pour ceux qui ont eu à supporter les duretés
des débuts, mais pas pour les nouveaux venus. Je
suis stationné à Victoria, chapelain des Sœurs à
l'hôpital. »

La fièvre, à laquelle, en sa qualité d'ouvrier ap

la deuxième heure, il disait avoir échappé, le guettait cependant. Et, en ce mois de mars, elle fut particulièrement maligne. Il fut pris à son tour et dut se soigner. Soudain il apprit qu'un catholique, malade comme lui, était à toute extrémité, abandonné du médecin. Le Père n'hésita pas un instant : aidé par l'homme qui était venu l'avertir, il se jeta à bas de son mauvais lit, se traîna jusqu'au mourant, et, incapable de se tenir debout, lui administra à genoux l'extrême-onction.

Cet acte de courage, que tout catholique comprendra, que tout prêtre digne de ce titre serait prêt à imiter, lui valut, le croirait-on ? de la part de quelques autorités de l'hôpital des reproches assez vifs. Ces critiques sottes, plus que l'effort physique qu'il avait fait, aggravèrent son mal, et le lendemain il était en danger.

Sentant que ce pouvait bien être la fin, il fit venir la Mère supérieure : « Ma Mère, lui dit-il, je sens que je m'en vais, et il faut que je vous donne mes dernières instructions avant de perdre connaissance. Je meurs en enfant et prêtre dévoué de la sainte Église catholique, et de ma chère mère la Compagnie de Jésus. Je me recommande à la miséricorde de Dieu ; je lui demande pardon pour toutes les fautes que j'ai pu commettre. Quand je serai mort, vous me mettrez ma soutane de Jésuite et vous m'ensevelirez dans un drap. Ne prenez pas la peine de me faire faire un cercueil. Un drap suffit bien pour mon misérable corps : un cercueil serait de trop. Je n'ai souci que de mon âme : je la confie à Dieu. Vous veillerez, n'est-ce pas? à exécuter mes instructions. »

La religieuse, toute en pleurs, aurait bien voulu faire plaisir à ce saint Père Marc; mais il lui répugnait de passer par-dessus les convenances les plus élémentaires. Surtout elle savait bien qu'officiers et soldats insisteraient pour rendre au défunt tous les honneurs voulus. Et elle faisait ses objections : « Mais, mon bon Père, comment?... Ce ne serait pas bien. Je... » Le Père Barthélemy lui coupa net la parole : oui ou non, voulait-elle accéder à ses désirs de mourant? La sœur hésitait encore. Alors le malade, malgré son extrême faiblesse et sa fièvre intense, commença à se fâcher. Il insistait pour être enseveli comme un pauvre, et la Sœur protestait en pleurant. Un témoin, qui raconte la scène, dit que lui aussi se mit à pleurer devant tant d'humilité, ne pouvant malgré tout s'empêcher de sourire, tant le spectacle était original : le Père étendu sur le sol, absolument à bout de forces et tout à fait mécontent de voir qu'on ne voulait point exécuter son dernier désir, et la religieuse dominicaine pleurant, s'excusant, faisant ses remontrances.

Dieu trancha le problème à sa façon, en rendant les forces au mourant.

Cependant, à la première nouvelle du danger, le Père supérieur avait enjoint au Père Prestage de partir pour Victoria par la « poste ». Ce qu'on appelait le « post cart » était une charrette écossaise, sans ressorts, attelée de cinq paires de bœufs. A moitié chemin, le Père Prestage, impatient d'arriver, laissa là le char de la poste, loua un cheval et, en grande hâte, abattit les quarante milles qui restaient. Le Père Marc vivait toujours : la crise avait passé, mais le danger subsistait. Il reçut l'extrême-onction, fut entouré de tous les soins possibles, et enfin se releva. Après une longue convalescence, il fut de nouveau sur pied. Il avoua dans sa correspondance d'Europe qu'il avait eu « sa dose de fièvre ». Quant à la mort entrevue, cela ne valait pas la peine d'en parler.

Vers la fin d'avril il s'était remis au travail. Tandis que le Père Prestage, un vétéran de la mission, s'occupait des noirs, lui, la saison des pluies étant passée, se chargeait de parfaire les installations matérielles. Il dirigea la construction d'une maison en briques. « Ce sera très gentil, déclare-t-il, presque l'unique construction de Victoria ayant quelque style. » En même temps, il préparait l'établissement des Sœurs, réduites jusque-là à loger dans leur wagon. C'était un hôpital et un couvent à construire. Quant à sa petite maison, pratiquement il en avait fait une infirmerie. Il était médecin, maçon, aumônier : il allait bientôt devenir chapelain militaire...

L'été fut marqué par un gros événement qui allait permettre de donner à la colonie et à la mission leur forme définitive.

Depuis trois ans, Anglais et Matabélés se surveillaient. La situation restait tendue. Le roi Lo Bengula était fidèle à ses engagements. Mais il avait derrière lui la jeunesse guerrière, et celle-là n'acceptait pas d'être privée du droit d'aller périodiquement piller les tribus agricoles de Mashonaland. Une collision était inévitable. En juillet 1893, les habitants de Victoria virent soudain se précipiter des bandes apeurées de noirs. A l'ouest, sur les collines, des villages flamblaient. Peu après (c'était le dimanche 9), les Matabélés parurent, marchant sur la ville.

Le Père Prestage, qui était bien connu de Lo Bengula, ayant passé de longues années à Bulawayo, alla droit aux guerriers et réclama le chef. Ils étaient 300 au moins, occupés à incendier des cases. Le Père demanda s'ils venaient de la part du roi. Réponse affirmative. Le Père répliqua qu'il connaissait le roi et ses intentions pacifiques. Ils n'avaient qu'à partir et à vider les lieux. Les Cafres protestèrent qu'ils n'en voulaient pas aux blancs; ils n'étaient venus que punir des Makalakas, lesquels avaient volé au roi vingt bœufs et six vaches. La bande, ayant sans doute constaté que Victoria était en mesure de résister, s'éloigna, non sans avoir fait de grands ravages dans les villages voisins, enlevant le bétail, tuant les habitants, incendiant les *kraals*.

Pareil épisode pouvait se renouveler. Aussi les autorités de la *Chartered Co* décidèrent qu'il fallait en finir. Il n'était pas dit que les maraudeurs de Lo Bengula lui obéiraient toujours et respecteraient la voix des blancs. Pour prévenir de plus grands malheurs, il fallait agir ferme et vite. Le voisinage des Matabélés, toujours menaçants, était un danger de toutes les heures pour la colonie et ses habitants, blancs et noirs. En ce qui concerne les noirs, il y avait à punir leurs oppresseurs. Une expédition fut donc décidée et l'on fit appel aux volontaires. Un camp s'organisa à cinq milles de Victoria, et, naturellement, le Père Marc à ses occupations habituelles ajouta le soin des soldats.

Lui-même, plus tard, a raconté, dans le *Zambezi Mission Record*, quelques-unes des consolations que lui procura ce nouveau ministère. Il trouvait au camp une trentaine de catholiques. Il les confessa, les fit communier, leur imposa le scapulaire. Pas de respect humain chez eux. Un jour il rencontra le capitaine Fitzgerald. Il était en très petite tenue, la chemise large ouverte, et le scapulaire très visible sur la poitrine. Personne ne trouvait la chose étrange. Quelques semaines plus tard, Fitzgerald mourait au combat de la Shangani.

Il y avait dans la *police montée* un ancien élève de Stonyhurst, Denis Dillon. Très fervent chrétien, il servait la messe au Père tous les dimanches. Quand la colonne fut mobilisée, il était loin de la ville. Rappelé en hâte, il arriva à Victoria le soir, à 7 heures; il devait être au camp à 1 h. du matin. Il eût bien voulu communier... *Where there is a*

will, lui dit le Père, *there is a way* (on peut quand
on veut). Donc, après quelques heures de sommeil, Dillon communia sur le coup de minuit et
s'éloigna. Pauvre enfant, ce fut son viatique. Brave,
brillant, alerte, il fit son devoir d'éclaireur avec un
beau courage, sans souci des balles, et lui aussi fut
tué sur le Shangani.

Nous n'avons pas à raconter ce qui suit. Les
forces de la Compagnie, une petite armée de 650
blancs et de 900 Mashonas, marcha sur Bulawayo.
Après quelques engagements heureux, le 4 novembre, elle était à la capitale. Mais le roi avait disparu, ne laissant derrière lui que des monceaux de
cendres. La campagne avait duré deux mois seulement. Ces rapides succès ouvraient le Matabéléland,
non seulement aux Anglais, mais à l'Évangile. Bulawayo allait devenir le vrai centre de l'Église catholique dans la Rhodesia. Dieu y avait marqué sa
place au Père Barthélemy.

Mais allait-il pouvoir l'occuper?

VI

1893-1895

Le Père Marc abusait un peu du droit qu'il avait de ne tenir aucun compte de lui-même. On eût dit qu'il voulait aller jusqu'au bout de ses forces. Les supérieurs durent intervenir et le rappelèrent à Grahamstown. Il arriva si épuisé qu'on parla de le renvoyer en Europe pour y refaire sa santé.

Aucune perspective ne pouvait lui être plus pénible. Avec toute l'énergie que permettait l'obéissance, il refusa de quitter l'Afrique. Partir, c'était déserter son poste, quitter ses chers nègres au moment où il allait commencer à s'occuper d'eux. C'était avoir à recommencer pour soi, dans quelque temps, à renouveler chez d'autres des sacrifices durement ressentis. Et puis reviendrait-il jamais? Il fit beaucoup prier. Il suppliait son jeune frère, récemment ordonné prêtre, de lui obtenir « certaines grâces spéciales que je demande au Sacré Cœur, disait-il, et qu'il ne peut me refuser ». Les supérieurs respectèrent cette sainte résistance. La volonté de Dieu sur lui semblait claire, et il resta.

Ce temps passé à Grahamstown fut une période de repos, non seulement pour le corps, mais pour l'âme. C'est alors que le Père Marc put faire la « troisième année de probation » en usage dans la Compagnie et, une seconde fois, parcourir dans leur intégrité, durant un mois, toutes les étapes des *Exercices* de saint Ignace.

Ici, par bonheur, quelques-uns des papiers spirituels du retraitant sont parvenus jusqu'à nous. Tout un cahier est rempli de son écriture fine, régulière, énergique, où pas un point ne manque, pas une virgule, pas un accent. Notes intimes, résumés de méditations, extraits de lectures : il y a là du français, un peu de latin, beaucoup d'anglais. Écoutons-le un instant. Nous choisissons les passages d'accent plus personnel.

Les passages entre crochets sont en anglais dans l'original.

« [*Règne de Jésus-Christ.* — J'éprouve un tel plaisir à faire quelque chose, à aimer à me dévouer... voilà mon Jésus. Tout ce que je puis imaginer de grand, de sublime, d'enthousiasmant,... il l'est davantage. Jésus, roi du ciel et de la terre, roi des anges, roi des martyrs. — Jésus avec son cœur de flamme, et son très merveilleux, son incompréhensible, son infini amour de moi... Jésus, je veux être à vous, *adjuva me*. Ce qu'il y a de meilleur en moi est à vous, prenez-le, prenez-moi moi-même... — S'il le faut, prenez ma vie.] Oh! comble de bonheur, si ce rêve de mon cœur était réalisé! [Je me donne à vous, ne me confiant qu'à vous... Je sens mon néant. Je sais que je ne puis rien, pas même me donner moi-même. Mais j'espère que dans votre infinie bonté vous me prenez, et que vous me garderez à jamais! — *Per matrem!* —]

« ... Mon roi est tout pour moi. Sa gloire est ma gloire, sa fortune ma fortune; rien pour moi que l'honneur de combattre à ses côtés, de m'user à son service, de mourir pour le placer sur le trône. — Jamais de repos ni de retraite : je fais vœu de vivre et de mourir dans la Compagnie sous son drapeau, avec mes frères d'armes, — ceux-là seuls sont mes parents, mes amis en Jésus-Christ. — Jamais de grades, distinctions pour mes services... Combattre pour Jésus-Christ, le faire régner dans tous les cœurs, voilà ma récompense. »

Le Père Marc ajoutait :

« Le fond, la substance de cet exercice du *Règne* est l'imitation de Jésus-Christ. Nécessité, avantages, moyens et pratiques de cette imitation, voilà ce qui va à tous; — la forme militaire est notre forme propre de la Compagnie. Pour la fin, pour la pratique, pour le mode, la Compagnie est toute guerrière. »

Mais si cette allure convenait à son tempérament, il avouait qu'elle n'était pas pour tout le monde, d'où cette réflexion, mise entre guillemets, et qu'il empruntait nous ne savons à quel auteur :

« Gardons-nous bien de donner notre uniforme
« à des enfants, à des femmes, à des religieuses;
« gardons notre casque, laissons-leur leur bonnet
« et leur voile. »

[*Nativité...* L'enfant Jésus... *parvulus et amabilis.* Son cœur qui bat pour moi, qui brûle pour moi Pour moi il s'est fait chair... pour moi. Je sens que je suis à Jésus par Marie, et Jésus est à moi par Marie. Elle m'admet près de son fils, elle le tourne aimablement vers moi. Amour, amour, tendre amour. Ici est mon tout... O Jésus, prenez mon cœur, mon amour, tout moi-même, et gardez-moi pour vous, et donnez-moi de faire votre volonté.]

... [Pauvreté, Bethléem, *Beatus*, dégagé de tout souci. M'affranchir de tout pour Jésus. J'aurai Jésus dans la mesure où je n'aurai rien autre. Ardent désir *d'aimer* Jésus. O Jésus, enseignez-moi, exercez-moi à vous aimer, à vous aimer vous seul, pur et divin enfant, éternelle beauté, mon unique ami, cœur qui me connaissez, qui me comprenez. Oh! puis-je vous aimer plus que jamais? Tout est là, *amorem tui solum...* O Marie, changez mon cœur, afin que j'aime véritablement mon, votre Jésus. »]

Nous pourrions suivre ainsi le Père Marc de mystère en mystère, de méditation en méditation; partout nous aurions à recueillir ces ardentes effusions d'amour pour Jésus et Marie, et toujours avec leur conclusion, qui ne varie guère; se dépouiller toujours plus et vivre de confiance en Dieu.

[« Il est temps, écrit-il en concluant la méditation des *Deux Étendards*, il est temps enfin d'être sérieux, d'être l'homme de Dieu, d'appartenir sérieusement à Jésus. J'ai été un enfant, petit, mesquin... Arrière tout cela! Plus haut! Je dois être libre, être grand pour Dieu, lui livrer mon cœur, lui donner un homme, un vrai cœur apostolique, être complètement à Lui.

« Jésus mon tout, — Jésus méprisé, humilié, pauvre...

« Amour est sacrifice. Le plus, c'est le mieux. J'aime à me dévouer ; c'est peut-être afin de me sentir aimé, utile. Je dois me dévouer totalement à Dieu, afin d'être aimé de Lui, utile à Lui!

« Tout le reste pour Lui et selon son cœur.

« Marie peut faire de moi un saint, me donner à Jésus. Maternellement elle le désire. Entre vos bras, mon Immaculée Mère, sur votre cœur ; mon être tout entier, et donnez-moi tout entier à Jésus!] »

Déterminant, au cours de cette retraite, son plan de réforme intérieure, le Père Marc écrivait :

« Je veux être tout à Dieu et vivre d'une vie toute surnaturelle selon le Cœur de Jésus.

« Je suis porté à de continuels retours sur moi-même, et je manque de confiance dans les choses de mon âme, perfection, fautes, etc. ; et dans les autres souvent triste. Il faut que je sois à Dieu dans la paix, la joie, la générosité du *Règne* et la force de l'amour.

« I. *Oubli de moi*. Accepter toutes mes misères[1], mes faiblesses ; avoir une confiance inébranlable dans l'amour de Jésus et de Marie qui me gardent

____
1. Les misères involontaires et inévitables.

à eux et feront tout tourner à leur plus grande gloire, leur faisant le sacrifice d'une perfection que je ne mérite pas.

« Ne pas m'arrêter aux scrupules, aux inquiétudes de conscience, ne pas me laisser abattre ou distraire par les petites fautes, avoir la confiance sincère que Jésus et Marie m'empêcheront de tomber dans les fautes graves.

« Que Jésus et Marie aient, tant dans l'ordre spirituel que dans le temporel, en tout, tout ce qui me regarde, toutes mes intentions, toutes mes actions et mes opérations ; qu'ils les dirigent à leur plus grande gloire, qu'ils les complètent, les corrigent, qu'ils me conservent dans leur amour et me mènent à Eux. — Moi, je dois bannir toute préoccupation, agir librement, dans la paix, dans la joie quand même, ne pensant qu'à aimer et servir Dieu en m'oubliant.

« II. *Amour de Jésus et de Marie*. Jésus est mon tout ; j'aurai pour Lui tout l'amour dont je suis capable, et j'agirai par amour, tout occupé de sa plus grande gloire, heureux de travailler et de souffrir avec et pour Lui.

« Vivre dans l'intimité de Jésus et de Marie, dans le surnaturel.

« Je me donne tout entier au Sacré Cœur par Marie Immaculée.

« *Examen particulier*. M'efforcer d'entretenir, en formant des actes, une disposition d'oubli de moi, d'amour, de confiance, et par suite de joie, de paix, d'abandon, de générosité dans mon âme. Les défauts à éviter sont les retours sur moi-même, pensées inquiétantes, tristes... *Omnia per Matrem, cum Matre.* »

Les notes de grandes retraites se terminent par cette effusion.

[« *Vas electionis!* Que n'ai-je pas reçu? Que ne dois-je pas encore recevoir?... Éternité! Dieu pour toujours... et dès maintenant Dieu par sa grâce. Jésus! Jésus dans son sacrement, à moi, à moi complètement. O Jésus! *sume et suscipe... omnia mea tua sunt et tua mea sunt.*

« Jésus! — Dieu présent partout, mais présent en moi, homme, chrétien, jésuite, prêtre! Comment vivre sans penser à Lui? Il est ici toujours pour me soutenir, pour m'aider, me consoler, voir ce que je fais. Respect, amour, confiance. Et, dans le sacrement, partout où je serai, il sera.

« Oh! que je m'use pour Lui, pour Lui qui travaille pour moi, qui s'est usé pour moi, qui est mort pour moi!

« Et comment avoir un autre amour? Que puis-je aimer hors de Dieu, Lui, le seul beau, le seul sage, puissant, et aussi le seul aimable, aimant, charmant!

« O mon Dieu! ô Jésus! ô Marie! que je vous aime, que je sois tout à vous.

> *Deus meus et omnia.*
> *Lætus obtuli universa.*
> *Omnia per Matrem.*

Lætus obtuli universa... Le 8 septembre, le Père Marc faisait ses derniers vœux. Vers le même temps, il écrivait à son frère : « Je me sens transporté d'amour et de reconnaissance envers Dieu qui nous comble de tant de grâces. Je ne puis te dire ce que je sens. Je pleure en t'écrivant... C'est de joie... c'est de contrition pour mon inutilité et l'abus de tant de grâces. Désormais, prêtre toi aussi, tu m'aideras, et, vivant unis d'une vie supportée par le pain des anges, animés par le sang divin, nous servirons et aimerons Dieu avec plus d'ardeur. »

L'occasion allait lui être donnée de réaliser plus complètement ses désirs. Le 18 novembre 1895, il obtenait de repartir pour l'intérieur.

« Grâce à Dieu, je retourne dans notre mission propre. C'est à Bulawayo que je suis envoyé. J'espère partir cette semaine, et dix jours de voyage suffisent maintenant pour franchir ces quelques mille milles. Priez pour que je sois toujours plus à Dieu et à la Compagnie. »

VII

1896

Bulawayo, lorsque le P. Barthélemy y arriva dans les derniers mois de 1895, avait tout juste deux ans d'âge. Tout y sentait encore l'improvisation des premiers jours.

Le site de la ville anglaise n'était pas celui du *kraal* abandonné par Lo Bengula. Mais on avait tenu à conserver le nom indigène, malgré son étymologie farouche, « la place du massacre, la boucherie ». Un recensement du mois de mars enregistrait 1.537 habitants, dont seulement 508 femmes. C'était quelque chose pour une ville toute neuve, isolée à 700 kilomètres de la plus prochaine voie ferrée.

Peuple cosmopolite, mais où dominait l'élément anglais. Peuple jeune aussi, dans toutes les acceptions du mot. Ceux qui ont assisté aux débuts difficiles de la colonie nous font de ces pionniers une peinture qui n'est pas sans charme. Gens d'audace et d'entreprise, attirés par le bel avenir doré promis à la Rhodésia. Beaucoup étaient de bonne famille. De là, dans l'ensemble, un niveau moral très satisfaisant. Rien de l'anarchie brutale qui caractérisa

souvent les fondations de villes en Australie et dans
le Far-West américain. On venait dans l'Afrique
nouvelle pour gagner sa vie en travaillant. « Ils
avaient, nous dit un témoin, le cœur ouvert, les
mains tendues. Hommes de ressource et de vie
jeune, ils étaient en harmonie avec la nature vigou-
reuse et semi-tropicale du pays. La communauté
de dangers et d'épreuves rapprochait les rangs.
La lutte se prolongeait contre l'homme, le climat,
l'épidémie, la faim, les infortunes les plus variées.
Tout cela les trempait, les modelait, en faisait les
pères hardis d'une forte race coloniale. »

La ville était encore toute primitive. Très épar-
pillée, faite de maisons basses couvertes en tôle.
Pas de gazon, pas de jardins. Pour tout monument,
quelques entrepôts. Mais on avait des banques, une
bourse, des salles de concert, un club, des journaux. Pas encore d'église. Une dizaine de sectes
protestantes avaient leurs représentants. Ajoutons
quelques juifs. Le recensement de 1895 avait même
constaté la présence de 7 habitants sans religion
et 1 ménage officiellement athée.

Les catholiques, cinquante-trois en 1894, une
centaine l'année suivante, étaient administrés par
quelques Pères de la Compagnie de Jésus. Les of-
fices se faisaient dans un magasin.

A la fin de 1895, on venait d'inaugurer une petite
chapelle en fer, qui devait servir dix ans. Le
P. Prestage s'occupait des noirs. Des religieuses
dominicaines tenaient l'hôpital.

La *Chartered Company*, par reconnaissance pour
les services rendus dès les premières heures, s'é-
tait montrée généreuse envers les missionnaires.
Elle leur avait offert 24.000 acres de terre à se
tailler où ils voudraient : origine de la superbe
mission noire de Chishawasha. Dans la ville même,
elle offrait deux lots de terre aux diverses dénomi-
nations religieuses, mais trois à l'Eglise catholique.
A Cape-Town et partout, Cecil Rhodes allait disant
qu'il n'y avait que les prêtres romains à faire de
bon travail.

Aussitôt arrivé, le P. Marc s'était mis à organiser
une école; ce fut la première de la colonie. Pour
local, il eut une minuscule cabane en zinc, de quoi
abriter une vingtaine d'enfants (janvier 1896). Il
n'y avait pas trois mois qu'il faisait son humble
métier de *magister*, quand l'occasion s'offrit ino-
pinée, irrésistible, de montrer une fois de plus,
mais sur de véritables champs de bataille, combien
il était soldat dans l'âme.

Après leurs succès faciles de 1893 sur les guerriers matabélés, les Anglais avaient pu se croire
sûrs de la paix. Rien à craindre certainement des
tribus timides, jadis vaincues par ces frères des
Zoulous, Mashonas, Makalakas et autres. Quant
aux Matabélés, battus, humiliés, sans chef, ils se
tenaient cois. En réalité, ils avaient été surpris
plus que vaincus. Trois régiments seulement (ou
impi) sur vingt mille soldats avaient subi le feu
des Anglais. Ils n'étaient qu'à moitié désarmés.

Leur roi, Lo Bengula, il est vrai, avait mystérieusement disparu et il leur manquait une tête. Allaient-ils longtemps supporter le joug? Impossible maintenant de vivre, comme par le passé, de razzias et de pillage. Faudrait-il travailler pour vivre, comme les Mashonas, leurs chiens?

Puis, vus de près durant deux ans, les blancs avaient fini par leur apparaître peu redoutables. Le feu couvait.

Il faillit éclater en janvier 1896. L'occasion était bonne. On se rappelle qu'en ce temps-là, l'un des fondateurs de la Rhodésia, le docteur sir Starr Jameson, pour forcer la main aux Boërs du Transvaal et les amener à entrer dans l'Union sud-africaine, passa la frontière avec une troupe armée, fut battu et fait prisonnier. Pour le soutenir, il avait fallu dégarnir les postes de Matabéléland. Les noirs le savaient, et ils savaient sa défaite. Survint une éclipse de lune; les sorciers montèrent les têtes : les blancs causaient tous les malheurs, famine, épidémie, sauterelles. Un oracle du mont Matoppo, le dieu M'limo, avait parlé : la révolte était imminente. Et cependant les semaines passaient. Faute de roi, les Matabélés n'arrivaient pas à se décider.

Entre temps, la colonie souffrait. Le docteur Jameson avait été livré par le Transvaal à la justice anglaise : son procès était commencé. Cecil Rhodes, compromis dans l'échauffourée, avait donné sa démission de ministre du Cap et se trouvait à Londres. A quoi s'ajoutaient bien d'autres misères. Le 9 mars, le P. Marc écrivait, dans son français déjà un peu saupoudré d'anglicismes :

« Comme tu le sais probablement, Earl Grey a été nommé administrateur de la Rhodésia en conjonction avec Cecil Rhodes. Rhodes restera le grand homme et l'âme de la contrée. Ce n'est pas une petite affaire d'amener le grand homme. Il nous vient par Suez, mais le canal n'avait pas été calculé pour donner passage au colosse de Rhodes. Son vaisseau s'est ensablé au milieu, en arrêtant quatorze autres. Après avoir été remis à flot, le voilà en collision avec un autre bateau ; si bien qu'arrivé à Suez, le colosse fréla un steamer pour lui tout seul. Il abordera, nous l'espérons, bientôt à Beira.

« Nous avons grand besoin de son génie. Les temps sont durs pour la contrée. L'incertitude de ce qui va arriver au procès Jameson pourrait avoir tout ruiné. Quoique nous n'en soyons pas là, la contrée souffre de l'expectation. De plus, la saison des pluies n'a pas été ce qu'elle aurait dû être, et maintenant, à la fin de la saison, nous avons moins d'eau dans la rivière à Bulawayo que nous n'en avons ordinairement à la fin de la saison de sécheresse. Heureusement, nous avons des fruits. Ce qui est plus sérieux, c'est que le bétail est malade. Une peste des animaux, « un mal qui répand la terreur »,... nous est arrivée des jungles du Zambèze et cause une vraie panique ici. Note que les bœufs sont presque l'unique moyen de transport ;

si nous avons la peste, personne ne voudra amener ses attelages de bœufs, etc.

« Bien des fermiers ont eu leur bétail tué par ordre du gouvernement, et c'est une vraie ruine pour beaucoup. Les ânes ne sont pas si exposés, et ont acquis un prix fabuleux. Samedi dernier, on refusait 50 livres (1.250 fr.) par tête. C'est honorable pour un âne. Je pourrais te parler des sauterelles couvrant et dévastant des milles carrés, et puis empoisonnant après leur mort le bétail, ou bien, après avoir détruit moissons, arbres, etc., s'attaquant aux moutons, leur dévorant la laine et les tuant. »

Ces mauvaises nouvelles sont du 9 mars. Mais voici plus tragique. Quelques jours après, le bruit courut que des familles entières d'Européens avaient été massacrées dans les districts éloignés. On précisait : en une semaine, cent vingt-neuf personnes. Évidemment il y avait un mouvement de révolte organisé. La situation était menaçante, et la police montée partit en exploration.

Bientôt, autres rumeurs. Les noirs marchaient sur Bulawayo. Il y eut une heure d'horrible confusion. La ville n'était pas en état de défense. Femmes et enfants furent entassés dans le club, et la maison, vaille que vaille, transformée en forteresse. Le danger s'éloigna et l'on put s'organiser en vue d'un siège possible.

Au centre de la ville fut aménagé ce que les Boërs appellent un *laager,* sorte de camp retranché fait de wagons en carré, avec défenses en fer barbelé. Des renforts arrivèrent des districts voisins. Une tour fut élevée pour surveiller les mouvements de l'ennemi ; des magasins, des maisons, transformés en redoutes. Rien de tout cela n'était superflu. Un moment vint où la ville fut comme bloquée. Les routes étaient coupées, les révoltés tenaient la campagne, il ne restait de libre que le chemin du sud.

Missionnaires et religieuses demeurèrent à leur poste. Les sœurs dominicaines se chargèrent d'une ambulance ; et, deux ans après, à une époque où d'aucuns n'eussent pas été fâchés de faire un peu l'oubli sur les services rendus, un journal du pays, le *Matabele Times*, se chargea de rafraîchir les souvenirs. Il disait : « Le secret de leurs succès comme infirmières, ce fut leur indomptable bonne humeur à toujours faire un peu plus que le possible. Jamais on ne le vit mieux que durant la rébellion. En dépit du renfort qu'on leur avait envoyé, elles furent écrasées de travail. N'oublions pas qu'il y avait plus de cent vingt Européens à l'hôpital, sans parler des noirs, toujours plus nombreux. Et ces dames n'attendaient aucun salaire : elles trouvaient leur joie dans le labeur, et leur couronne dans le sacrifice. »

Le P. Marc disait de son côté : « Elles firent le service de l'ambulance avec leur dévouement et leur courage habituels. Elles semblaient absolument impassibles devant le danger. Pour leur assurer, à elles et à leurs malades, toute sécurité, on avait

songé à les transporter dans le *laager* de la ville.
Ce fut impossible. Mais l'hôpital était une solide
bâtisse, malheureusement un peu à l'écart, dans le
faubourg. On décida de le fortifier comme on pourrait. Il fut entouré d'une enceinte en sacs de sable
à hauteur de poitrine. Un poste y fut placé. Une
compagnie spéciale fut organisée pour sa défense,
et il devint ainsi un assez bon lieu de refuge. »

Il y avait trois Pères à Bulawayo. « Nous avons
continué, poursuit le P. Marc, à faire la classe
comme si de rien n'était. J'ai eu souvent à accom-
pagner les patrouilles en qualité de chapelain,
mais alors un de mes confrères me remplaçait en
classe ; car nous étions deux maîtres. Généralement,
nous dormions chez nous. Mais quand le danger
semblait se rapprocher, nous allions au *laager* de
l'hôpital. Les Pères faisaient leur tour de faction, le
fusil sur l'épaule, comme les autres. »

« Nous finissions par nous familiariser avec le
sifflement des balles, écrit un autre Père. Nous en
étions venus à ne plus distinguer le cri des sauterelles des obus sifflant et bourdonnant dans le lointain. On était fort occupé. L'école restait ouverte,
et l'on passait de la classe au champ de bataille ou
à l'ambulance. Parfois l'alarme était donnée. La
classe était alors congédiée de bonne heure : mais
ce fut rare. Au bout de quelque temps, le chant
lointain du bugle et la fusillade ne furent plus que
l'accompagnement harmonieux de la récitation de
la grammaire et de la table de multiplication. »

Tout de suite, le P. Barthélemy s'était offert comme chapelain militaire. Il fut d'autant mieux accueilli de tous, sans distinction de croyances, que les ministres protestants avaient cru devoir s'abstenir. Les *Afrikanders* eux-mêmes, les Boërs, donc des calvinistes, ne furent pas les moins reconnaissants.

Dès le 2 avril, nous trouvons le P. Marc en campagne. Le capitaine Brand, Écossais catholique, ancien élève des Jésuites à Stonyhurst, avec une centaine d'hommes, cinquante Anglais et cinquante Boërs, partait pour le district de Gwanda, au sud. Il s'agissait de porter secours à des Européens menacés de périr. Le Père échangea la soutane pour l'uniforme d'officier, enfourcha son cheval noir et s'éloigna. Le jour de Pâques, 5 avril, l'on se trouvait à 75 milles de Bulawayo, de l'autre côté des monts Matoppo, retranché sur un *kopje*. Les *kopje,* dans l'Afrique du Sud, sont des hauteurs rocheuses au profil de forteresses, formées de blocs énormes entassés. Il y eut service religieux. Personne n'y manqua, pas même les Boërs, et un sergent traduisit séance tenante, en hollandais, les parties du sermon qui étaient à leur adresse.

C'est au retour que le Père reçut le baptême du feu. La colonne était sur la route de Tuli, dans une gorge étroite. On avançait lentement, à la file, sous les traits d'un ennemi presque invisible. Derrière les roches, des milliers de noirs étaient embusqués. Le passage dura six heures. Durant cette intermi-

nable demi-journée, le P. Marc, imperturbable, fut
tout à son travail de miséricorde et de charité. Il y
eut une quinzaine de blessés et quatre ou cinq morts.
On perdit trente-cinq chevaux. Le soir, les muni-
tions étaient épuisées. Le capitaine parvint à mas-
ser son monde sur une éminence dans un endroit
plus découvert. Les Matabélés fourmillaient aux
alentours, s'approchant à moins de 100 mètres. Ils
criaient que, le lendemain, ils massacreraient tout...
Enfin, Dieu aidant, grâce à la nuit noire, le capitaine parvint à se dégager. Vers dix heures du
matin, avec tous ses blessés, il rentrait à Bulawayo.
« Quelque temps après, écrit un témoin, nous trouvâmes le P. Marc à l'hôpital. Je le vois encore assis
sur le rebord d'un lit de blessé, noir de poussière
et de poudre, n'en pouvant plus et radieux. »

Nous n'avons pas le détail de toutes les expé-
ditions semblables auxquelles il prit part durant
deux mois et plus. « Les patrouilles suivaient les
patrouilles, raconte-t-il. Parfois nous avions à cou-
rir d'une colonne à l'autre pour ne pas manquer
une affaire importante. Alors on laissait le bagage
en arrière. Mais la charité des officiers ne nous
laissait jamais dormir sans le concours de quelque
imperméable et d'une couverture. » Ce qu'il ne dit
pas, c'est qu'il lui arriva parfois, lui, très sensible
aux baisses de température, de passer sa couverture de nuit à quelque soldat que le froid empê-
chait de dormir.

Il fut aussi présent au combat du 22 avril, qui

faillit être fatal aux Anglais, puis à celui du 25 où les noirs, revenus à la charge, furent défaits par le capitaine Macferlane. Bataille très chaude, qui eut lieu à 4 milles seulement au nord de Bulawayo.

Dans le courant du mois de mai, nous retrouvons le P. Marc, à la suite du colonel Napier, allant au-devant des renforts et des secours de toute sorte que Cecil Rhodes en personne amenait du Mashonaland.

« La route jusqu'au Shangani, écrit-il, était complètement déserte, les fils télégraphiques coupés.

« Partout les rebelles avaient laissé leurs traces. Ici, une maison en ruine ; là, les membres mutilés de quelque infortuné prospecteur que nous ensevelissions religieusement. Près de la ferme de Rixon, le spectacle était affreux. Au bas de la pente rapide qui descendait sur la rivière, un cadavre de jeune femme, en vêtements de mousseline, mais les pieds nus. Le visage et la partie antérieure du crâne avaient été mis en pièces à coups de pierres ou de « knobkerries[1] ». Trois milles plus loin, son mari, le docteur Langford, et deux compagnons gisaient assassinés. Ils venaient de se marier et étaient en Afrique depuis quelques semaines. Ailleurs, aux branches d'un arbre, près de la hutte du prospecteur T. Gracey, un *riem*[2] restait suspendu. Tout

1. Sorte de massue.
2. *Riem*, mot hollandais signifiant « bande de cuir ». En Afrique ce mot dénote plus spécialement de longues lanières de peau crue, soit d'animaux domestiques, soit d'animaux sauvages, que les Boërs et autres fermiers préparent

autour, à quelques mètres, nous eûmes à recueillir les ossements épars de nos pauvres amis.

« Grande indignation, et bien naturelle, chez nos hommes, chrétiens et soldats. Mais comment ne pas admirer leur modération ? Jamais de représailles. Rien que de loyaux faits de guerre. Il y eut des erreurs. Des femmes furent tuées : mais impossible parfois, dans la mêlée, de distinguer hommes et femmes. Alors même, il était touchant de voir nos braves éclaireurs descendre de cheval, ramasser les pauvres orphelins et les ramener au camp.

« ... Au retour, traversant un kraal abandonné, on trouva ainsi une pauvre petite indigène laissée là par ses parents, les mains affreusement brûlées. Les infirmiers la prirent, la soignèrent. Elle criait toute la nuit, enlevant aux braves gens le sommeil qu'ils avaient pourtant si bien gagné. Mais qu'importait ce détail ? »

Une chose frappa beaucoup les compagnons du Père, son zèle à rendre aux morts les derniers devoirs et à prier pour eux. M. Melton Prior, correspondant et dessinateur de l'*Illustrated London News,* racontait dans un journal du Cap, le *Cape Argus,* et dans une relation de ses voyages, comment il chevauchait alors, botte à botte, avec M. Arthur Rhodes, frère de Cecil, et le P. Barthélemy. « Souvent, dit-il, nous rencontrions des

pour attelages, etc. Le Père veut dire que Gracey fut surpris préparant un *riem* et massacré sur place.

squelettes ou des ossements épars. Les vautours avaient fait leur œuvre. Le Père recueillait avec soin ces restes, recherchant les plus petits fragments. J'étais près de lui quand il faisait ce travail de ses propres mains, craignant fort qu'il ne s'empoisonnât. A chaque fois, il récitait quelques prières, et je lui servais de fossoyeur... Un jour nous trouvâmes ainsi les restes des hommes massacrés aux *While's stores*. Il releva lui-même respectueusement ces pauvres débris, et les déposa dans une fosse. Alors, debout, tête nue, les yeux au ciel, dans le demi-jour du crépuscule, il murmura quelques prières. Après quoi, remontant à cheval, il regagnait la colonne qui avait continué sa route... Je m'aventurai une fois à lui demander : « Vous êtes catholique romain, n'est-ce pas? A quoi distinguez-vous que ce sont là des squelettes de catholiques ? — Mais je ne distingue rien du tout, » me dit-il ; et me regardant : « N'est-ce pas? Un bout de prière pour les recommander au Dieu tout-puissant ne peut leur faire du mal, quelle qu'ait été leur croyance[1] ? »

Au cours de cette expédition, le 22 mai, le Père put assister à une autre affaire très chaude :

« Partis de Bulawayo, raconte-t-il, nous arrivâmes rapidement à Luyati. Là, un jour de repos pour nous refaire, corps et âme. Au coucher du soleil, départ. Nous étions huit cents hommes, sous le lieutenant-colonel Plumer. Deux batteries

1. *Cape Argus*, le 25 juillet 1896.

de montagne et trois canons de plaine. L'expédition avait été préparée avec soin. L'endroit à attaquer était comme la forteresse des rebelles, avec
un rempart naturel de hauts rochers escarpés. Une
seule chance de réussir, surprendre l'ennemi. Le
plan fut sagement dressé et exécuté avec la dernière précision. Marche toute la nuit en silence.
Interdiction de fumer. La nuit était sans lune. A
trois heures du matin, on était près des kopjes fortifiés de Zimamba. Les indigènes n'avaient rien vu.

« La colonne fut divisée en trois corps. Ordre d'attaquer les deux côtés au lever du soleil, pendant
que le gros de l'expédition chercherait à se frayer
un chemin jusqu'au cœur de la place. Un moment
de repos fut donné aux hommes. Le froid était
vif. Défense de desseller. Pendant quelques instants hommes et bêtes purent se laisser aller à
une somnolence très peu confortable. Une heure
après, des signaux silencieux furent donnés. Tous
se mirent en mouvement, et bientôt le tonnerre
des canons, répercuté par les échos des rochers,
réveilla tout le pays.

« Les collines empilées les unes au-dessus des
autres rendaient la position très dangereuse. Souvent nous eûmes à traîner nos chevaux derrière
nous, souvent à passer sous le feu croisé de deux
partis, qui se fusillaient d'une cime à l'autre par-
dessus nos têtes.

« Un petit groupe d'une centaine d'hommes,
parmi lesquels M. A. Rhodes, se trouva par hasard

engagé dans une gorge étroite encombrée de roches
arrondies. A la lettre, il fallait soulever les chevaux tout en se glissant soi-même entre les pierres. Pendant que nous étions au travail, une bande
d'ennemis parut au-dessus de nos têtes au sommet
des montagnes et se mit à nous « canarder ». Les
plaisanteries de M. Rhodes aidaient les hommes
à ne pas prendre au tragique la situation. Mais,
incontestablement, l'affaire était chaude. Quelqu'un
sentit une balle lui effleurer la joue, et une autre
lui écorcher la jambe. (Ce quelqu'un paraît bien
être le P. Marc en personne.)

« Vers une heure, la position était à nous. On
avait pris plusieurs milliers de têtes de bétail, gros
secours pour nos amis de Bulawayo. Huit cents
femmes étaient prisonnières. Malheureusement,
nous eûmes quelques morts et pas mal de blessés.
Les voitures d'ambulance ne pouvaient monter les
collines ; les brancards étaient insuffisants. Il fallut en improviser. Deux gaules, deux fusils, avec
des couvertures enroulées, firent l'affaire, et nous
pûmes transporter nos blessés. Le camp et les
wagons étaient à six ou huit milles de là. Après
une nuit de marche, après le travail de la matinée,
avec pour toute nourriture ce qu'on avait dans son
sac, ce transport des blessés était ce qu'on peut
appeler une corvée raide. Tout le monde s'y mit,
officiers, soldats, indigènes amis. A six heures,
nous étions dans nos quartiers. Mais ce fut seulement en pleine nuit que l'essentiel des ambulan-

ces fut prêt. On n'imagine pas quelle volupté ce fut de s'étendre sur l'herbe, avec une selle pour oreiller, mais aussi avec la conscience d'avoir, malgré force contusions, tous ses membres au complet. »

Le 24 mai, l'on rejoignait la colonne de secours qui arrivait du Mashonaland. C'est alors que le P. Barthélemy fit la connaissance de Cecil Rhodes. Citons ici l'historien de l'homme d'État :

« Il me souvient qu'un soir, au cours de cette expédition, nous avions pour hôte le P. Barthélemy, un homme qui s'était rendu cher à tous dans la colonie, par son esprit d'abnégation, son dévouement, son air accueillant; brave comme un lion, et, je crois bien, le meilleur curé (*parson*) que j'aie jamais rencontré. Après dîner, on parla religion. Rhodes étonna notre ami le jésuite par la précision avec laquelle il lui détailla la série d'épreuves par lesquelles le religieux avait dû passer pendant dix-sept ans, avant de mériter d'être élevé à la dignité de « Père ». — « Comment se fait-il, Monsieur « Rhodes, dit enfin le chapelain, que vous nous « connaissiez si bien, nous et notre formation? — « Eh! reprit l'autre, j'étudie toutes ces choses-là... « Je ne suis pas du tout sûr que, si je n'étais pas ce « que je suis, je ne me serais pas fait jésuite. — Vous « dites, répliqua le Révérend Père, « si vous n'étiez « pas ce que vous êtes »... Qu'est-ce que vous êtes? « — Ah! question difficile, dit M. Rhodes, et qui « demande réflexion. »

« Et il se mit, c'était une habitude chez lui, à
penser tout haut sur le problème posé : « Vous me
« traitez d'agnostique, je suppose : — *a-gnosco*, je
« ne sais pas... J'admets pour l'homme un état ulté-
« rieur; en quoi il consiste, je ne sais. En quoi il
« consiste, vous ne le savez pas. Je n'ai jamais
« trouvé personne qui pût me dire en quoi il con-
« siste; et, à vous non plus, personne ne l'a dit.

« Mais je crois que, lorsqu'on fait de son mieux
« en ce monde, suivant ses propres lumières, qu'on
« ne fait de mal exprès à personne, on aura, dans
« cette vie future, une place aussi bonne que vous,
« qui pratiquez votre religion. — Notre religion,
« dit le Père, est la forme religieuse la plus haute...
« — Oui, dit Rhodes, poursuivant ses pensées, en
« fait, à supposer que j'eusse à paraître demain
« devant le Tout-Puissant, s'il avait à me dire que,
« à son jugement, j'ai parfois très mal agi, que j'ai
« voulu faire tort à quelqu'un, mettons à Krüger,
« alors, oui, je serais prêt à argumenter à fond avec
« lui. — En vérité, reprit le Père, vous en seriez
« capable! » Ce fut tout, la discussion en resta là[1]. »

Le P. Barthélemy n'eut sans doute pas l'occasion
de reprendre la controverse. Mais le grand homme
garda de ces conversations un bon souvenir. Il ma-
nifesta souvent l'estime où il tenait le Jésuite et ses
confrères. Il se disait fier d'avoir, dans sa chère
Rhodésia, des prêtres catholiques. Né dans l'Église

1. Sir Lewis Michell, *The Life of the R. H. Cecil Rhodes*,
t. II, p, 153-176.

anglicane et fils de pasteur, il ne cachait pas les déceptions que, « homme d'État, il avait trouvées chez ses coreligionnaires ». « Ils ne nous envoient que leurs rebuts, disait-il ; l'Église catholique nous donne des hommes splendides, *splendid men,* et le P. Hartmann n'eût point été déplacé parmi les douze apôtres ! » Cette estime se traduisait souvent par des secours. On ne s'étonnera pas que les missionnaires aient gardé de lui un souvenir reconnaissant. Ce n'est pas leur affaire de juger le politique ; mais il fut leur bienfaiteur et ami, très franc et très fidèle. Et puis, c'est à lui, en somme, après Dieu, qu'ils doivent de pouvoir travailler librement là où la tyrannie de Lo Bengula les avait immobilisés durant dix ans.

Le P. Marc ne rentra à Bulawayo que pour repartir. A la fin de juin, les affaires se gâtaient. Les timides Mashonas, peuple de vaincus, excités sous main par les Matabélés, s'étaient soulevés, et, dans l'autre partie de la Rhodésia, il fallait combattre. D'autres Pères s'engagèrent comme aumôniers.

Au Matabéléland, tout était prêt pour une nouvelle expédition. Il s'agissait de porter l'offensive contre les noirs jusque dans leurs repaires des monts Matoppo.

« Les Matoppo, nous dit le chapelain militaire, sont un lieu unique au monde pour l'étrangeté. C'est un entassement de roches énormes formant des barrières presque infranchissables à des troupes régulières. Alors, comme à Thaba-Zimamba, marches de nuit, escalade des montagnes, et cela pendant un mois. Tirant, poussant, rampant, nous surgissions de toutes parts autour des rebelles stupéfaits ; nous émergions de ravins où ils n'avaient pas idée qu'un blanc pût se glisser avec chevaux, mulets et canons. Le touriste qui, dans quelques années, explorera ces montagnes, restera incrédule, quand on lui dira ce qu'y a réalisé notre colonne. Mais nos braves camarades, tombés le long de la route, ont écrit de leur sang, sur ces impérissables roches, une glorieuse page de l'histoire anglaise... »

C'est dans ce dédale que, le 20 juillet, le P. Barthélemy prit part à l'assaut d'une espèce de forteresse, à Babiaan. Un large cercle de rochers abrupts enserre un petit plateau. Pour tout accès, un val étroit entre des kopjes à pic, au milieu de creux et de cavernes prêtant aux faciles embuscades. La position fut enlevée pourtant, non sans pertes cuisantes.

Le 5 août, autre combat, le plus important de toute la guerre. Avec sept cent soixante hommes, le colonel Plumer attaqua le chef Sekombo et ses quatre mille noirs. L'endroit était formidable. Du noyau granitique central, cinq hautes collines rocheuses se détachaient et surplombaient à pic les brousses et la jungle de la vallée. C'est de là qu'il fallait déloger les cinq régiments matabélés. La lutte, engagée dès le matin, dura jusque bien avant dans la soirée.

Il n'y eut, du côté des Anglais, que six hommes tués et quatorze blessés, mais tous les morts étaient officiers.

« A tous ces engagements, poursuit le Père, le prêtre catholique a eu le privilège d'être présent. Toujours l'hôte du commandant, traité par tous avec la plus grande amabilité et le plus grand respect, le chapelain, en retour, a fait ce qu'il a pu pour aider les hommes, selon leur religion et leurs besoins. Sans être inquiété dans sa bonne foi, le protestant était heureux de voir à ses côtés le ministre du Christ, d'être aidé par lui à faire un bon acte de foi et de contrition avant de paraître au tribunal de Dieu. Les catholiques recevaient les précieux sacrements que notre mère l'Église dispense à ses enfants mourants. Il y eut de pauvres infidèles, dans le contingent indigène, qui eurent le bonheur de recevoir le baptême avant de succomber à leurs blessures.

« Pour beaucoup, c'était la première fois qu'ils entraient en contact avec un prêtre catholique, un Jésuite. Ils comprirent ce que l'Église entend par travailler avec eux, partager leurs fatigues et leurs dangers. Et ils restent reconnaissants à cette même Église d'avoir fait pour eux ce qu'elle pouvait, et de n'avoir pas laissé ensevelir leurs parents et leurs amis sans une prière. »

Dieu avait préservé le P. Marc des balles et des flèches, mais non pas de la fièvre. Les longues marches, les nuits sans sommeil, les privations finirent

par le terrasser. Cependant, après la rude journée
du 5 août, malgré son épuisement, il insiste pour
rendre à son ami, le major Kershaw, tué dans l'assaut, les honneurs funèbres. Le correspondant du
Cape Times écrivait : « Sugar Bush camp, 6 août. Le
P. Barthélemy, qui officiait aux funérailles du major Kershaw, dut être porté jusqu'à la tombe,
et soutenu pendant qu'il lisait les prières. J'ai
regret de le dire, il est sérieusement pris de la
fièvre. »

Ordre lui fut donné d'aller à l'ambulance. Mais,
là encore, tout épuisé qu'il était, il trouva le moyen
d'exercer la charité. L'artilleur Evelyn Holmes, un
catholique, se mourait de ses blessures. Demeuré
seul valide près de sa pièce, il avait tenu jusqu'au
bout, et avait fini par tomber. Le chapelain fit traîner son lit près du lit de l'agonisant. Ainsi couché,
il lui administra l'extrême-onction et l'assista jusqu'au dernier soupir.

Enfin, le 21 août, les négociations pour la paix
s'ouvrirent. Elles ne se terminèrent que le 13 octobre.

Tout était fini. Restait à rendre justice à chacun.
Ni le gouvernement, ni le public, ni la presse n'y
manquèrent. Nous avons cité plus haut ce qu'un
journal local disait des religieuses. Pour ce qui est
du P. Barthélemy, il fut, par le commandant en
chef, Sir Frederick Carrington, mis à l'ordre du
jour. « Le R. P. Barthélemy, chapelain catholique
romain, a servi sans interruption comme chapelain

sur le champ de bataille ; a été très assidu dans les soins donnés aux malades et blessés de toute dénomination. » Quelque temps après, il recevait la médaille militaire.

Parmi les noms énumérés par Sir Frederick Carrington, il n'y avait qu'un nom de clergyman, et c'était le sien. Des journaux eurent soin de signaler le fait. Le *Cape Times* disait, le 27 août : « Le Père Barthélemy, notre bon prêtre, je suis heureux de le dire, est presque guéri de son mal de jambe. Père Barthélemy est un Jésuite, un entre autres de ces bons et saints hommes que leur ordre si calomnié a envoyés en ce pays. Il a partagé nos dangers et nos privations. Ce qu'il savait de médecine et de chirurgie a été très utile aux médecins. Son ministère a été accepté avec reconnaissance par tous les mourants, protestants et catholiques. Je voudrais bien recommander son exemple à mes amis de ma propre Église qui se sont tellement fait remarquer dans nos troupes... par leur absence. »

Le P. Barthélemy, durant ces mois de labeur, était devenu l'un des personnages les plus populaires de la Rhodésia. Pour ses compagnons de guerre il était le *dear old Father Bart,* le cher vieux P. Bart. Un nouveau venu à Bulawayo écrivait un an plus tard, 19 novembre 1897 : « Tous les gros bonnets (mot à mot toute la grosse artillerie, *the big guns*) venus pour l'inauguration du chemin de fer ont tenu à voir le P. Barthélemy. Dans le train, j'ai recueilli des réflexions comme celle-ci : « *By*

Jove! les catholiques romains? il n'y a qu'eux pour faire de la besogne propre. »

Et l'âme du Père, durant tout ce temps? Elle est tout entière dans ces quelques lignes écrites à son frère, le 21 juin, le priant de rassurer ses parents : « On se fie à un ami de la terre. Pourquoi sommes-nous si durs à nous fier au meilleur ami, au cœur le plus tendre, à celui qui veut notre bien et qui a tout pouvoir de le procurer? »

Et au lendemain des événements, le 30 octobre :

« Le bon Dieu a été très, très bon pour moi, aimable comme son cœur, aux petits soins. Je l'ai senti bien présent, partout et toujours, et trouvé facile de vivre avec lui et notre bonne Mère du ciel, dans les marches et contremarches. »

VIII

1896-1912

La guerre terminée, le Père Barthélemy revint
à ses écoliers. Désormais, et jusqu'au bout, il sera
tout à cet apostolat par l'éducation qui lui convenait si bien, il en avait conscience. Tandis que ses
confrères s'absorbaient dans le soin de la paroisse
anglaise ou de la mission des noirs, lui faisait la
classe. Son histoire, durant seize ans, sera celle de
son école.

Cette école, notons-le, fut la première ouverte à
Bulawayo, et peut-être dans toute la Rhodésia, pour
les fils de colons. Les enfants étaient rares alors, et
l'administration avait autre chose à faire que de
s'occuper d'eux. Le champ était libre pour les
initiatives privées. Dès la première heure, le Père
Marc en avait profité.

Il commença le 13 janvier 1896, avec douze petits
enfants auxquels il fallait tout apprendre. Les classes se faisaient dans une baraque en briques, bois
et fer. Un dessin du Père nous montre une espèce
de cube en tôle, le toit incliné sur le côté le plus
large, avec une porte et deux fenêtres : 4 m. 40 de
large sur 4 m. 30. Le mobilier à l'avenant. Pas de

coin où le maître pût se sentir chez lui et travailler en paix. Les habitants les mieux titrés n'étaient guère plus à l'aise.

Cependant la colonie, sortie de la crise où elle aurait si bien pu périr, reprenait sa vie normale, — et aussi la mission. Le supérieur, R. P. Sykes, venait d'arriver à Bulawayo : « Espérons, écrivait le Père Marc, que la mission avancera avec lui. Il y a un monde à créer. Le progrès matériel va bon train. Le chemin de fer sera ici dans deux mois ou à peu près. Le monde afflue. Les sectes se remuent et ont de l'argent à foison. Nous sommes pauvres et nous voudrions faire ce qu'ils font, et le faire mieux. Mais les moyens ! Tu ne m'as pas encore trouvé cette bonne personne dont je t'ai parlé, je crois, qui consentirait à nous léguer un petit million ou deux. »

En novembre 1897, le chemin de fer atteignait Bulawayo. La population augmentait, et avec elle le travail. Un Père arrivant en Rhodésia vers ce temps-là constatait que le Père Marc avait fort à faire, qu'il allait toujours, mais n'était pas des plus solides. Puis son compagnon de travail avait dû, pour cause de santé, redescendre au Cap. Lui restait seul. Or, à ses occupations scolaires, il continuait d'ajouter celles de chapelain militaire. Tous les dimanches, de grand matin, il allait dire la messe au camp des hussards, à trois milles de la ville, revenait dire une autre messe tardive et prêcher à l'église. Son temps libre était pris par des visites aux postes de police épars dans la banlieue pour surveiller les Matabélés. Lorsque fut organisé le corps des *Southern Rhodesia Volunteers* (Volontaires de la Rhodésia méridionale), il en fut nommé chapelain avec grade de capitaine d'abord, puis de *major* (commandant). Le Père Supérieur jugea qu'il fallait mettre une digue à ce zèle, et surtout lui donner de l'aide.

Lentement l'école grandissait. A la fin de 1898 on avait 50 élèves environ. Le corps professoral s'augmentait de quelques unités. A la distribution des prix du 20 décembre, on prit le titre officiel de *St George's boys public school*. Ce n'était plus une simple école élémentaire. Elle était en mesure de préparer aux examens officiels. Les premiers candidats de la Rhodésia à la « matriculation », examen d'admission à l'Université, venaient de Saint-Georges et réussirent. Il fallut donc élargir les locaux. Le petit cube primitif fit place à un provisoire un peu plus substantiel, qui servira bien encore une dizaine d'années : une bonne salle et trois petites chambres en deux rez-de-chaussée formant équerre, avec véranda et clocheton. Maintenant on peut tenir des réunions religieuses scolaires, profanes, donner des fêtes qui ont plein succès. On introduit les exercices gymnastiques et militaires. Les sports nationaux ont leur place au programme, *cricket, football...;* et Saint-Georges, dans ses *matches* avec la « police montée », conquiert une petite réputation locale. De même son « corps de cadets », organisé dès 1898, armé de bonnes carabines Winchester, régulièrement exercé, se fait remarquer par sa belle tenue et son adresse.

L'école était lancée. Les supérieurs eussent voulu la confier à quelque congrégation de Frères, ce qui eût permis aux prêtres de n'être plus que missionnaires. Les démarches n'aboutirent pas, et le Père Marc dut se résigner à garder le fardeau. Décidément Dieu ne le voulait pas au service des noirs. Mais, nous le savons déjà par ses confidences, la tâche était de son goût. Les problèmes pédagogiques l'intéressaient. Tout Français qu'il était, et tout en reconnaissant que les méthodes anglaises n'étaient pas faites pour ses compatriotes, il en avait une rare intelligence. Il sut les interpréter, les exploiter à la satisfaction de tous. Très insensible à la louange quand il s'agissait de sa personne, il était tout heureux quand on lui disait que ses élèves rappelaient ceux d'Angleterre, que son école n'avait rien à envier à celles de la métropole.

L'année 1899 et les deux années qui suivirent furent marquées par des événements tragiques, la guerre du Transvaal. Le Père Marc eût volontiers suivi les troupes en campagne. Mais, supérieur par intérim de la mission, *head master* du collège, sa place était à Bulawayo. Cela n'empêcha pas qu'une seconde médaille militaire ne vînt, sur sa poitrine, faire la paire avec celle de 1896. « Je l'ai reçue à

titre de chapelain, dit-il, bien que je ne sois pas
sorti de Bulawayo. C'est un peu volé, il faut l'a-
vouer. »

Pour être loin des opérations, on n'en souffrait
pas moins en Rhodésia. La vie, en tout temps, y
était chère, même depuis que le chemin de fer re-
liait le pays au Cap. Mais les communications étaient
rompues. Les denrées atteignaient des prix fantas-
tiques : 250 francs un sac de pommes de terre, la
livre de viande 4 francs, etc. De même la main-
d'œuvre. La tâche de l'éducateur se faisait difficile :
maintenir la discipline et le bon esprit dans un
peuple d'écoliers mal nourris, empêcher le patrio-
tisme britannique de tourner en amertume et en
injustice à l'égard des adversaires, apprendre aux
enfants à estimer ceux que leurs frères et leur amis
combattaient, et avec lesquels plus tard, la paix
faite, ils auraient à collaborer au progrès du Sud-
Africain. Tâche malaisée, mais à laquelle le tact si
fin du Père Marc put suffire.

Les années qui suivent sont presque toutes marquées par un progrès. 1899 avait vu les premiers
succès d'examen. En 1900 le cycle des études est
complet. On fonde, aidé par les subsides du gouvernement, une bibliothèque. On commence un petit
internat réclamé par les parents. L'école, officiellement inspectée, est reconnue, soumise dès lors à la
réglementation scolaire de 1899, et reçoit des sub-
ventions qui l'aident à grandir. En 1901, le nombre
des candidats aux examens a doublé ; doublé aussi

le succès. En 1902, agrandissement des locaux. Les deux candidats qui gagnent au concours la bourse d'*Oxford scholarship,* fondée par Cecil Rhodes, sont des élèves de Saint-Georges. Ce beau succès valut aux maîtres de l'école les lignes suivantes du gouverneur général, Lord Grey : « Je suis heureux que cet honneur soit échu aux Pères Jésuites, dont les travaux dévoués et incessants, depuis les premiers jours de l'occupation jusqu'à aujourd'hui, pour les intérêts et des colons blancs et des noirs de la Rhodésia, ont conquis la plus franche admiration et notre reconnaissance à tous. »

En 1907, le nombre des élèves dépassait la centaine. Il était de 130 en 1912. Notons que Bulawayo ne comptait pas alors 5.500 habitants, que des écoles nouvelles s'étaient fondées, que Saint-Georges maintenant connaissait la concurrence. La situation avait notablement changé; elle allait changer plus encore : le gouvernement venait de décider que lui aussi ouvrirait des écoles.

Reprenons ici les choses d'un peu plus haut.

Les conditions religieuses de *Saint George's school* étaient assez particulières. En ce pays tout neuf, dans une population restreinte et très mêlée, il avait été à la fois nécessaire de fonder une école et impossible d'en fonder une qui fût expressément catholique. Elle eût été sans élèves. Pour se recruter, pour avoir des fonds, pour gagner la sympathie du public, pour toucher quelque subvention de la colonie, autant dire pour vivre, il fallait être neutre.

Neutre, non bien entendu au sens déplorable que nous donnons à ce mot en Europe et qui implique l'athéisme. Cecil Rhodes lui-même en eût été choqué. Il voulait un enseignement religieux : il ne croyait pas à la morale sans Dieu. Mais, par principes personnels et, pensait-il, par nécessité de circonstances, l'éducation soutenue par l'État devait faire abstraction des différences confessionnelles. Donc, une maison comme Saint-Georges, où se coudoyaient catholiques, anglicans, wesleyens, israélites, ne pouvait qu'être neutre; ses maîtres étaient tenus à la plus grande discrétion religieuse.

Le Père Marc accepta loyalement la situation qui lui était faite; tout en restant absolument maître de la direction, il se plia aux programmes officiels, ouvrit ses classes aux inspecteurs, fit son profit des observations qui pouvaient lui venir du directeur de l'instruction. Absolue liberté religieuse était laissée aux élèves.

Mais, avec les jeunes catholiques, il reprenait ses coudées franches. Il pouvait leur donner une formation conforme à leur foi, aussi intense que possible, et il avait la joie de constater que ses efforts étaient fructueux. Ces enfants, continuellement mêlés, en famille, dans la rue, au collège, à des gens ne partageant pas leur croyance, ignoraient absolument le respect humain. Par exemple, entre eux et devant leurs camarades, ils parlaient de confession et de communion en toute simplicité, comme ils eussent parlé de leurs jeux et de leurs études, et les camarades trouvaient cela tout naturel.

Tout alla bien durant une dizaine d'années. Mais, en avril 1908, on put se demander ce que l'avenir préparait. On était en pleine lutte électorale. Une commission d'enquête sur l'instruction venant de publier son rapport, la question des écoles servit de plate-forme aux candidats. Une partie du public, les nouveaux venus, n'ayant pas expérimenté les difficultés de la colonie à ses débuts, n'ayant pas vu à l'œuvre les Pères et les religieuses durant les années de lutte, ne sentaient à leur égard aucune reconnaissance bien précise. Une campagne fut menée contre leurs écoles. On voulait une éducation *indénominationnelle*. Les couvents, quelque respectueux qu'ils voulussent être des opinions, mettaient les enfants dans une atmosphère trop saturée de *dénominationalisme*. Entendez que leur neutralité n'était pas assez réelle; ils étaient et restaient catholiques. Par conséquent ils ne pouvaient participer aux secours de l'État : ils devaient vivre exclusivement de leurs propres ressources.

Une polémique suivit. Les vieux amis de Saint-Georges et des Sœurs rappelèrent quels services, depuis douze ans, avaient rendus les écoles libres (*voluntary schools*). Des orateurs leur offraient bien une compensation pour les dévouements passés : cette rhétorique électorale ressemblait fort à une oraison funèbre. On voulait les enterrer décemment : voilà tout. Restait à savoir si elles se laisseraient faire.

Le Père Marc intervint. La commission d'enquête avait insinué dans son rapport que la mission catholique se verrait avec joie débarrassée du poids de ses écoles. Dans une lettre ouverte aux membres du conseil législatif, il répliqua que c'était se méprendre étrangement. L'œuvre que la mission catholique avait fondée, n'était pas de celles qu'on abandonne d'un cœur léger. En dépit des obstacles, il était décidé à poursuivre.

Un homme heureux de cette déclaration franche, ce fut l'évêque anglican du Mashonaland. Elles aussi, ses écoles étaient menacées. Sans doute, disait-il, dans une lettre faisant écho à celle du Jésuite, Saint-Georges leur faisait une rude concurrence. Mais enfin, quelle que dût être la politique du gouvernement, les écoles anglicanes resteraient ouvertes aussi bien que les écoles catholiques et ne se laisseraient point absorber. Belles promesses. Quand il en fallut venir à l'action, l'esprit tout anglican de compromis l'emporta. Deux années ne s'étaient pas écoulées que déjà l'école du *bishop* frayait la voie aux écoles officielles non *dénominationnelles,* se transformait et leur fournissait leur premier noyau d'élèves.

C'était pour Saint-Georges une concurrence nouvelle et plus puissante. Pour un temps, le nombre des élèves cessa de grandir. Mais les succès d'examen se maintinrent, et aussi les marques d'intérêt de la *Chartered C°.* Les subsides du gouvernement n'ont pas été supprimés. En 1913, le *Grant in aid,* ou subvention, fut encore de 12.000 fr. ou à peu près. Somme à peu près égale était donnée à titre de *boarding grant,* pour aider les parents des pensionnaires moins aisés à payer pension entière. Secours providentiel en un pays où la vie coûte trois fois plus cher qu'en Europe.

Arrivé à ce point de développement, le collège devait faire disparaître son matériel provisoire et s'installer au large. Il fallait bâtir. Le Père Barthélemy, fils et petit-fils d'architectes, avait déjà fait ses preuves.

Il avait eu la joie pieuse de contribuer à la construction de la paroisse des blancs à Bulawayo, dédiée à l'Immaculée Conception, et d'en faire la plus belle église de la Rhodésia (1904). D'autres édifices encore étaient plus ou moins son œuvre. On était sûr qu'une église ou une maison dont il prenait la responsabilité serait de bon style. Il donna donc les plans du nouveau Saint-Georges et en surveilla les travaux. Le 2 novembre 1911, quand le duc et la duchesse de Connaught honorèrent l'école de leur visite, les fondations sortaient de terre. C'est aujourd'hui un vaste édifice, très simple et de grand air, développant à l'aise sa façade de 40 mètres sur une des avenues de la ville. L'ouverture en a été faite le 7 août 1912.

Les mêmes événements scolaires se succédaient : achats de terrains, succès dans les concours, visites des lords gouverneurs ou des princes de la famille royale... Quant à la vie du *head master,*

ce n'était point celle d'un chef ne voyant les choses que de très haut. La chambre du Père Marc,
sise au rez-de-chaussée, était ouverte à tout venant.
Et c'était chez lui un défilé continu d'élèves, de
parents, de maîtres, de visiteurs. L'âme avide de
sacrifices trouvait son compte à ce morcellement
de la vie. Ajoutons un détail menu qui a son prix.
La chronique du collège, en 1905, enregistre l'arrivée d'un frère cuisinier. Jusque-là, le Père Barthélemy avait été le *house keeper* du collège, aidé
seulement dans la cuisine par les religieuses du
couvent voisin. Il faisait tout.

Prenait-il des vacances? Oui, quand les supérieurs les lui imposaient. Ses lettres signalent
quelques excursions intéressantes. Un jour, le chemin de fer permettant désormais ces déplacements
faciles, et sur l'invitation pressante de l'éminent
ingénieur sir Charles Metcalfe, un de ses bons
amis, il monte jusqu'aux merveilleuses cascades
Victoria, sur le Zambèze; ou bien il conduit ses
cadets en patrouille dans les Matoppo; il fait une
excursion pédagogique à Kimberley ou à Johannesburg; il prend quelques jours de repos à la
jeune mission de Chishawasha, au milieu des noirs.

Chaque année scolaire se terminait, vers le 20
décembre, par la traditionnelle distribution des
prix, que présidaient ordinairement les autorités
les plus qualifiées de Bulawayo. Le Père rendait
compte des travaux accomplis, des succès rempor-
tés, — succès d'examens et succès de sports. C'était

l'occasion de rappeler qu'au-dessus des sports, au-dessus des examens, il y avait mieux à attendre de l'éducation reçue à Saint-Georges : il y avait la formation de l'esprit, la formation de la volonté, l'habitude de l'oubli de soi et du sacrifice. Mais c'était l'occasion aussi de recevoir à plein visage des éloges que l'assemblée soulignait de ses hourras, et qui le faisaient souffrir, lui qui se tenait toujours pour parfaitement inutile. Inutile, ce n'était point l'avis des gens compétents. Au lendemain de sa mort, un journal de Bulawayo résumait ainsi son œuvre :

« Le Père Barthélemy a présidé aux premiers et humbles commencements de *Saint George's school.* A son activité, à son courage indomptable, à ses initiatives, nous devons le développement de l'école, sa transformation en un superbe collège, aujourd'hui l'un des édifices les plus remarquables de Bulawayo. On ne saura jamais ce qu'il lui en a coûté, les difficultés financières et autres, les oppositions, les projets à combiner, les dépenses de courage et de confiance, les claires prévisions de l'avenir. Il a triomphé de tout. Ce qui avait pu passer pour un rêve impossible, il l'a matérialisé en une réalité vivante et puissante.

« Il s'est trouvé être le premier éducateur de la Rhodésia, non seulement par la date, mais par la valeur. Deux ou trois générations d'enfants ont passé par ses mains. Beaucoup aujourd'hui travaillent à édifier la fortune de leur jeune patrie.

D'autres, en d'autres colonies et d'autres terres, trouvent dans le souvenir de leur *head master* un aiguillon pour l'accomplissement du devoir. Les premiers proclamés *Rhodes scholars* étaient ses élèves, et il en fut toujours fier à juste raison.

« Il connaissait à fond la législation scolaire de la Rhodésia, aussi bien que les grands principes qui doivent présider à toute éducation véritable. Ses vues étaient singulièrement larges et *sympathiques*. Il admirait grandement le caractère anglais, les institutions anglaises. Il se plaisait à constater qu'il avait pu introduire dans son cher Saint-Georges les éléments les plus sages, les plus solides des écoles publiques anglaises. Son bon sens pédagogique, l'intérêt qu'il portait aux problèmes d'éducation, son clair discernement des besoins du pays en la matière, étaient reconnus et appréciés des directeurs de l'instruction. Ils ne cachèrent pas les obligations qu'ils lui en avaient, et quelle grosse perte faisait, par sa mort, la cause de l'éducation en Rhodésia.

« Ce premier rôle lui donne pleinement droit au titre de créateur du pays. Il lui devait en partie son incontestable influence. Entre ceux qui ont construit la Rhodésia, sa place sera toujours éminente. Mais il sera aussi toujours à part, pour la singulière noblesse de son caractère, le désintéressement de ses vues, son extraordinaire esprit de sacrifice, comme aussi pour les résultats obtenus. Sa confiance dans la Rhodésia fut sans défaillance. A elle et à ses meilleurs intérêts il a donné les plus précieuses années de sa vie; et sa mort, en cela comme en tout le reste, a été singulièrement bénie. Car elle a été couronnée par l'admiration et le respect de, on peut le dire, tous les habitants, et de beaucoup d'autres qui vivent hors de la colonie. »

Cette place éminente parmi les pionniers de la Rhodésia est d'autant plus notable que le Père n'était jamais parvenu à parler très facilement l'anglais. Il le savait bien; mais il eut toujours une difficulté marquée à le prononcer. Il garda jusqu'au bout un fort accent étranger. Par contre, il avait jugé qu'il ne pouvait faire un bien réel, en ce monde anglais du Sud-Africain, qu'en acceptant sans arrière-pensée, mais aussi sans vain engouement, en pleine sympathie et pleine connaissance de cause, ce qu'il y avait de bon, de fort et de droit dans les méthodes, les « idéals » de sa patrie d'adoption. Et, qui sait? c'est peut-être là, dans ce mélange original d'éléments français et d'éléments anglais, qu'il faut trouver le secret de l'incomparable influence qu'il a exercée en Rhodésia quinze ans durant.

Car cette influence fut grande, et le nom du Père Barthélemy était connu bien au delà des limites de la colonie.

« J'ai vu, nous dit un de ses confrères, à Kimberley, plus d'une fois, un Père Oblat qui réside à Prétoria. A notre première entrevue, j'ai nommé le

P. Marc. Ce Père m'a interrompu : « Tout le monde
« parle de lui... » A mon passage à Mafeking, j'ai
rendu visite à l'administrateur du *British Protecto-
rate*. Il me dit qu'avant de quitter l'Angleterre, il
avait vu, il y a quelques mois, lord Selbourne qui
lui avait demandé : « Comment vont les pères Jé-
« suites, à Bulawayo, privés qu'ils sont du P. Bar-
« thélemy, ce religieux de si rare mérite? »

Pour les gens du monde, protestants presque
toujours, le Père Marc fut surtout un superbe « type
d'homme ». C'est l'expression qu'ils aiment à em-
ployer. Le 12 décembre 1912, à la dernière distribution des prix qu'il lui fut donné d'organiser, il
dut recevoir en plein visage cette appréciation du
président, colonel Baxendale : « J'ai connu le Père
Barthélemy soldat en activité de service, et je l'ai
vu comme Révérend Père de son Église (*sic*). Mais ce
que l'on considère en lui, ce n'est ni le prêtre, ni
le soldat, ni le *head master*, c'est un des plus beaux
types d'hommes qui soient venus dans ce pays. Et
nous espérons qu'il en viendra beaucoup d'autres
comme lui. »

Le directeur de l'instruction publique, M. G. Du-
thie, membre de l'université de Cambridge, que sa
haute position avait plus d'une fois mis en contact
avec le Père, précisait les mérites que tout le
monde constatait : « C'était, écrivait-il au lendemain de la mort, un de ces hommes dont le besoin
se fait si cruellement sentir en Rhodésia, et parmi
ceux-là, un modèle absolument désintéressé, tra-

vaillant uniquement pour le bien d'autrui, pensant toujours juste. Avec cela, d'un tact exquis, par où il gagna (sur le terrain pédagogique sans doute) plus d'une victoire qu'un autre, moins fin, aurait laissé échapper. »

« Il y a sept ou huit ans, disait de son côté un religieux Oblat du Transvaal, le P. Barthélemy passa quelques jours parmi nous. Quelle simplicité calme et engageante! Il était vraiment à un degré rare une grande âme, un grand caractère. Mais en même temps sa simplicité ouvrait les âmes et gagnait la confiance. »

Ajoutons qu'au service d'une volonté de premier ordre, il mettait une belle hauteur d'intelligence. L'intelligence chez lui était large et jeune, positive et droite, celle de l'homme d'action plus que de l'artiste créateur et du spéculatif.

« C'était, disait un journal, plus qu'un travailleur consciencieux, autre chose qu'un érudit chez qui la science des faits paralyse le talent original. Sa splendide mémoire était au service d'un jugement sain. Par le soin minutieux du détail et la justesse des prévisions, il était un administrateur de premier ordre. Aussi les compagnons d'apostolat qui l'avaient pour chef voyaient en lui un bon représentant de la Providence. Bien des fois ils l'ont constaté avec admiration : des difficultés qu'eux-mêmes commençaient à peine à entrevoir, avaient été à l'avance prévues et résolues par sa vigilante initiative. Quant au soin des détails, il se révélait surtout dans les mesures qu'il prenait pour assurer le bien-être de ses inférieurs, des visiteurs, des missionnaires engagés comme pionniers dans les postes avancés. Certains parfois étaient confondus de ses attentions et avaient envie de lui dire : « Mais jamais vous ne souffririez qu'on en fît autant « pour vous! »

« Il n'était pas littérateur au sens ordinaire du mot, mais ses jugements étaient profondément justes. Esprit vif et logicien, il saisissait vite la portée d'un problème juridique et rendait compte d'un livre un peu comme l'eût fait un juriste. Il n'étai pas homme à se contenter de demi-connaissances. Mais, avec son intelligence souple, il entrait facilement dans la pensée d'autrui et se mettait sans peine à la portée des personnes moins instruites ou superficielles. Il aimait la poésie, sans la pratiquer. Dans l'art symboliste, il discernait finemen l'or du clinquant. Il n'aimait guère les gens qui parlent en énigmes et noient une philosophie inconsistante sous la mousse aromatique de leurs périodes en prose ou en vers.

« La sainteté n'est, après tout, que la parfaite santé de l'âme : elle ne va pas sans une largeur infinie d'esprit et de cœur. La générosité que le Père Barthélemy mettait à se donner, sa tendance à voir les vertus plus que les défauts, sa bonne volonté à essayer les méthodes nouvelles, sa facilité d'adaptation à tous les milieux, selon les occurrences, le faisaient aimer de beaucoup et admirer plus encore. L'impopularité, la disgrâce même d'un ami, n'étaient pas pour lui faire rompre des relations. Il était cosmopolite dans le bon sens du mot, son amour pratique pour sa patrie d'adoption est, croyons-nous, son meilleur titre à notre souvenir. »

Sous la plume de ceux qui l'ont connu de plus près, de ses frères en religion, deux traits reviennent sans cesse : charité et humilité. D'un seul mot, l'oubli de soi, *unselfishness*. C'est le terme qui leur paraît condenser le mieux ce qu'il y avait de séduisant dans sa physionomie.

« Vivre de dévouement pour les autres était un des principaux traits de son caractère et de ses vertus. Tous les Pères et Frères qui ont passé par Bulawayo vous diront qu'ils n'ont jamais quitté le Père Marc sans avoir reçu de lui des signes de vraie affection qui leur ont dilaté l'âme. Par exemple, quand il s'agissait d'organiser les vacances. Pour lui, il n'y avait pas de vacances. Il était le modèle de ceux qui restent à leur poste sans se donner trêve ni repos. »

Sa générosité était royale. Il n'hésitait pas, pour procurer à un professeur fatigué une détente efficace, à lui imposer un long et coûteux voyage. Acceptait-il un cadeau, c'était à seule fin de l'utiliser pour faire un heureux. Tel excellent *waterproof*, que lui avait payé un ami de Johannesburg, passe tout droit sur les épaules d'un missionnaire épuisé qui revenait du nord. Dès que la charité était en

jeu, sa largesse était, on peut dire, sans scrupules.
Et ce qui la rendait plus aimable, c'est qu'elle était
cordiale à fond.

Les étrangers ne s'y trompaient pas. « Le Père
Barthélemy, disait quelqu'un, voilà un homme! un
homme entre les hommes (*a man, a man of men*)!
Il avait un vrai trésor de sympathie toute humaine
et toute sainte, avec une prédilection pour les gens
de caractère. » Une excellente dame de Bulawayo
le définissait de même très joliment : *Holy as he
was, he was so human, in his goodness.* « Avec toute
« sa sainteté, il avait la bonté si humaine! »

On ne pouvait mieux dire. Son entier oubli de soi
lui permettait de montrer à tous la sympathie la
plus sincère, une sympathie d'homme à homme.
Aussi tous sentaient, quels qu'ils fussent, qu'ils pouvaient s'ouvrir à lui totalement. Son influence sur
les gens du monde, soldats, hommes d'affaires,
jeunes gens, était extraordinaire. Pour ses élèves
il était un véritable père.

« Toujours prêt à rendre servire, nous dit un de
ses anciens supérieurs, toujours désireux de se
dépenser sans compter, tout en se tenant dans
l'ombre et cherchant à cacher le bien qu'il faisait.
Cette charité inlassable et embaumée de vraie humilité lui gagnait les cœurs. Religieux, il était estimé
et aimé de tous ses confrères; professeur, il avait le
don de s'attacher les enfants; chapelain militaire,
il jouissait parmi les simples soldats, aussi bien que
parmi les officiers, d'une popularité sans égale. »

Ce sont là choses difficiles à détailler, cette charité étant faite d'infiniment petits. Ceux-là mêmes qui en ont bénéficié, qui en restent tout pénétrés, quand on leur demande des précisions, ne savent que dire.

Un autre supérieur nous fait remarquer par surcroît qu'il n'est pas aisé de se faire une idée de ce qu'a fait et souffert le Père Marc. S'il avait travaillé en Europe, il serait facile, par analogie, de se figurer ses labeurs. Mais là-bas, dans une mission qui débutait, dans une colonie encore toute jeune, la vie ne ressemblait pas à ce que nous connaissons. Et pour apprécier, à plus forte raison pour décrire au juste ce que fut l'existence du Père, il eût fallu le suivre de près. « C'est l'homme dans son travail, plus que le travail lui-même, qui mérite admiration et estime. » — Par ailleurs, « il parlait peu, ce n'était pas sa manière. Il ne proclamait pas ses principes, ses motifs supérieurs, mais il les pratiquait. Aussi pas de mots, de sentences, de *dicta* à rapporter de lui. » Tout, chez ce prêtre, était action.

Laissons, pour terminer, la parole à un témoin plus en mesure que qui que ce soit d'apprécier les qualités de l'homme et du religieux. Le R. P. Sykes, deux fois son supérieur, et dans l'intervalle provincial en Angleterre, donnait, sous le titre *Une Noble Vie*, au *Zambesi Mission Record* une courte notice d'où nous extrayons les lignes suivantes :

« Ce fut un saint et un héros. Ses vertus avaient

pour base l'humilité et l'abnégation. Que dire de cette vie austère? Il n'eut jamais pour lit qu'une planche, et pour régime qu'un jeûne strict, quelques bouchées au principal repas, et rien de plus. La merveille est qu'il ait duré si longtemps, la tête toujours claire, travaillant de l'esprit ou des mains, parfois des deux en même temps. Avec cela, lui si rude pour lui-même, il poussait les égards pour les autres presque jusqu'à l'excès, condescendant à leurs désirs et même à leurs faiblesses.

« Sa conduite envers le prochain offrait un mélange extraordinaire de douceur — la courtoisie d'un parfait gentilhomme — et de fermeté. Les élèves étaient sûrs toujours de trouver chez le Père Recteur un accueil aimable et attentif. Mais ils savaient aussi qu'il y avait une certaine limite qu'on ne franchissait pas. »

D'où venait son influence discrète et pourtant irrésistible? De son courage, sans doute. « En plus d'un combat, durant la guerre, il avait « porté sa vie entre ses mains », sous le feu de l'ennemi, aussi froid et brave que s'il avait cavalcadé à une revue. Ce courage, uni à la modestie, — il ne parlait jamais de ce qu'il faisait, — lui valut un grand respect de la part de ces rudes pionniers ou de ces braves soldats, gens qui ordinairement n'aiment guère les *curés,* comme ils disent. Au Père Barthélemy, le soldat-prêtre, ils réservaient une niche à part. Mais l'intrépidité devant le danger n'explique pas tout. Il y avait des raisons plus intimes.

Sa charité, unie à l'oubli complet de soi, était sans bornes. On l'a vu, couché dans la *veldt*, au Matabéléland, une nuit que le froid était intense, passer sa couverture à un camarade qui n'en avait pas. Et il était très sensible au froid.

« Un seul mot traduit bien exactement le sentiment profond, universel, dont il était l'objet, et qui, chose curieuse, était le fait très particulier des non-catholiques : la vénération. Les Rhodésiens étaient gens à rendre justice à un homme qui n'était pas de leur Église, mais qu'ils savaient bon et saint à un degré rare.

« Et ce qui rend plus extraordinaires encore les démonstrations de respect dont il devait être l'objet à sa mort, c'est que, dans les dernières années de sa vie, on le voyait rarement en public. Son état de santé ne lui permettait plus guère d'aller et venir. Il restait dans sa petite et sombre chambre, tout entier à sa vie de sacrifice, de sanctification personnelle, prêt à recevoir tout le monde, à répondre à tous les appels, toujours occupé des autres, toujours méditant pour son collège quelque amélioration... Les ennuis, les dérangements, étaient incessants, mais il était toujours au poste. Jamais un congé, jamais un moment de relâche. La mauvaise santé elle-même ne parvenait pas à lui faire dérober une heure au travail, à moins de frapper gravement et de le contraindre à ne pas quitter son lit de planches.

« Et maintenant, après l'opinion du public, on

nous demandera, sur ce bon, cet éminent prêtre, le sentiment de ses frères en religion. Ils le connaissaient à fond, et leur jugement est de poids. La réponse est simple. Tous l'aimaient et le vénéraient profondément. Son abnégation radicale, son mépris de tout ce qui le concernait, le soin qu'il prenait de sa communauté, sa loyauté sans défaillance, son abord toujours facile, son immense charité, la séduisante urbanité de ses manières, voilà ce qui d'abord faisait impression. Puis, on en venait à quelque chose de plus intime, son absolu détachement du monde, son attachement absolu au devoir, le grand exemple de sa vie religieuse, qui était à la lettre cachée dans le Christ. Il était un lien de charité entre ses frères, et souvent on ne pouvait s'empêcher de noter, d'admirer l'harmonie qui en résultait parmi eux.

« En vérité, pas besoin d'un traité de perfection religieuse avec un tel exemple sous les yeux, une telle leçon de choses. Grande louange, mais bien méritée. Et, d'une façon ou d'une autre, toujours quelque chose de militaire, l'impression non du chevalier mondain, mais du soldat du Christ. Dans son uniforme d'officier, il avait l'air de descendre de quelque vitrail ; il était comme dans une atmosphère de croisade, un compagnon d'Arthur, un sir Galahad[1].

---

1. *Galahad*, dans les Romans de la Table Ronde, est le chevalier parfait, conquérant du saint Graal. En anglais un *sir Galahad* est une âme éprise d'idéal.

« Je dépose ce pauvre et indigne tribut — une simple feuille sèche, une fleur fanée — sur la tombe d'un cher et vénéré ami et frère. S'il m'est permis de soulever un moment le voile, je dirai que pendant des années nous avons ensemble délibéré, fait des plans, prévu des difficultés, toujours en communauté d'aspirations et de vues. Il était le plus aimable des amis, sage dans le conseil, de jugement exquis, de prudence rare. Il avait en outre le don supérieur du courage absolu devant le danger, qui ne le faisait jamais reculer, et une loyauté franche comme l'acier... Aujourd'hui qu'il n'est plus, il laisse un vide que rien ne remplira complètement. Mais la mémoire de sa noble vie, son exemple, nous restent. C'est une lumière, un aiguillon, un idéal. La Rhodésia sera devenue un vieux pays, quand elle verra paraître une plus noble, plus sainte, plus héroïque figure que celle du cher prêtre jésuite, soldat de la croix, le Père Marc Barthélemy. »

Tout cela, c'est ce qu'un homme bien informé pouvait dire au public, en prenant congé d'un collaborateur vénéré. Il aurait pu, s'il l'avait voulu, et si c'en avait été l'heure, aller plus loin dans les révélations et dire ce qu'il y avait au fond de cette charité et de cette abnégation : un intense amour pour Jésus et pour Marie.

C'est le témoignage que lui rendait un collègue qui l'avait beaucoup aimé. « Il me semble, écrivait-il à Mme Barthélemy qui l'avait interrogé sur la vie

intérieure de son fils, que le trait principal de cette vie
était l'amour personnel, loyal, chevaleresque, pour
Notre-Seigneur, avec un amour tout filial, confiant,
de notre sainte mère du ciel. La Très Sainte Vierge,
il l'aimait dans ses dernières années comme il l'avait
aimée dans son jeune âge. Son cœur si pur s'était
développé, il n'avait pas changé. Aussi voyons-nous
la belle église qu'il a bâtie à Bulawayo : église de
l'Immaculée-Conception. Notre résidence? Résidence de l'Immaculée-Conception. Souvent il disait
que les plus beaux passages des auteurs classiques,
et autres, qu'il lisait, l'aidaient toujours à mieux
aimer Notre-Seigneur et sa sainte Mère. Il y a un
passage d'Homère où une déesse vient consoler le
guerrier Achille, tandis qu'assis au bord de la mer il
médite sur sa douleur : « N'est-ce pas, disait-il, ce que
fait la Sainte Vierge pour nous ? Elle nous demande
de lui dire ce qui nous peine. Elle fait siennes toutes
nos peines, elle nous console et nous aide. »

Il écrivait à sa mère, le 6 avril 1912 :

« Ma chère maman, avec toi je finis ma retraite
dans le Cœur de Jésus, vivant sa vie. Notre âme et
toutes ses facultés, notre cœur et tout son amour,
notre être tout entier et toutes ses forces, à Lui!
tout à Lui! rien qu'à Lui! Soyons possédés de Lui,
Vivo jam non ego : vivit vero in me Christus. Et ce
Jésus, *notre* Jésus, est dans la joie de sa résurrec-
tion, et nous partageons cette joie, ce triomphe, et
la joie, le bonheur et l'exultation de sa mère, qui
est aussi la nôtre. »

Et un an plus tard, après sa dernière retraite (29 mars 1913) : « J'ai terminé ma retraite hier. Que le bon Dieu me fasse sien de plus en plus et toujours davantage! Etre à Lui, vivre avec Lui, par Lui, pour Lui, c'est la vraie vie en ce monde et en l'autre, et tout le bonheur dans le temps et l'éternité. »

Aux paroles les actes répondaient pleinement, nous le savons déjà. Le témoin que nous avons cité il y a un instant poursuit : « Chaque jour le Père Marc recevait la sainte absolution. Nos chambres étant voisines, j'allais chaque soir, après notre examen, entendre sa confession. Loyauté et pureté aussi parfaites que possible, c'est ce qu'il voulait en tout. Et comme c'était touchant de le voir, dans les dernières semaines, recevoir la sainte communion! Sa belle tête inclinée, son calme parfait, qui indiquait si bien le plus intime cœur à cœur avec Notre-Seigneur. A Notre-Seigneur il avait non seulement tout donné, mais il s'était donné tout lui-même si complètement! C'était un colloque perpétuel : « Sei-« gneur, vous êtes tout pour moi, et je suis tout à « vous. » Souvent il disait : « Rien n'importe, il n'y « a qu'une chose, les intérêts de Notre-Seigneur. »

IX

1913

On nous en a déjà prévenus, le « soldat de la croix » avait son défaut, le défaut d'un peu tous les hommes de Dieu. Il s'usait sans compter. Il redoutait jadis, aux jours de sa jeunesse religieuse, de « moisir » dans les labeurs tranquilles de quelque maison du vieux monde. Il avait été servi à souhait, à cela près que le soin des noirs n'avait pas été son partage.

Il s'usait autant par le travail intense que par la mortification. « Il ne reculait jamais devant la fatigue ; il réclamait toujours pour lui les tâches pénibles ; il choisissait toujours la chambre la plus petite et la plus incommode. Il mangeait peu, supportait sans plaintes les souffrances et les maladies. » Sur le chapitre des soins à prendre, ni les amis ni les médecins n'avaient jamais pu se faire écouter.

Aussi plus d'une fois l'on avait été fort inquiet. En 1912, à la fin de novembre, il fut gravement malade. Il tint malgré tout à préparer la distribution des prix. Aidé d'un autre père, il élabora le compte rendu des travaux de l'année. Il ne put achever.

Il se remit un peu cependant. La vigueur de volonté restait entière, mais il n'y avait plus qu'elle à le soutenir, l'organisme n'avait plus de force. Il avait cinquante-six ans seulement, mais, barbe grise, air grêle, marche lente et pénible, on lui eût donné dix années de plus. Sur tout cela, bien entendu, sa correspondance est muette. A quoi bon donner aux siens des inquiétudes prolongées? Près de lui on ne se faisait plus d'illusion : il était à bout.

Le moment vint où, les jambes refusant leur service, il lui fallait, pour se transporter d'un bâtiment à l'autre dans ce beau collége qui était tout entier son œuvre, se faire traîner par un noir dans une voiturette. Mais, recteur de l'école, consulteur et procureur de la mission, il allait toujours. Il ajouta même à ses charges celle de surveillant au réfectoire, confisquant, de son droit de supérieur, des corvées dont les autres ne demandaient qu'à le décharger. Peu à peu cependant on parvint à lui enlever un travail, puis un autre. Presque jusqu'à la fin, il resta préfet des études et ministre. Il était tout, faisait tout et, sincèrement, estimait ne rien faire.

Pour ses frères, toujours le même, s'enquérant des besoins de chacun, de ses désirs, ne reculant devant aucune dépense raisonnable. En ce qui le concernait, refusant toute exception. Il eût fallu lui imposer un régime approprié au délabrement de son estomac : on n'osa pas, crainte de le peiner à 'excès. Pour déjeuner, une tasse de café noir et un

biscuit : il jeûnait tous les jours. Sa grosse priva-
tion, la seule, était de ne pouvoir plus se tenir debout et par suite de ne plus dire la messe. Son nègre
devait le rouler à la chapelle domestique, et c'est
là qu'il communiait.

Vers la fin d'octobre, les forces tombèrent tout
d'un coup. D'abord on ne s'inquiéta pas outre
mesure : on était habitué à lui voir des crises de
dysenterie; cela durait huit ou dix jours, puis il
reprenait le dessus. Mais assez vite la situation
parut grave. Le médecin de l'hôpital, un ami, en-
voya lui-même de sa clinique les remèdes et les ali-
ments capables de rendre un peu de forces au cher
malade. Cette fois, le Père Marc essaya, très doci-
lement, de suivre le régime qu'on lui imposait. Mais
quand on parla de le faire soigner à l'hôpital, il refusa net. Il refusa même de se coucher dans un lit.
Sa planche lui suffisait, cette bonne planche qu'il
s'était fait faire à Grahamstown et qui l'avait suivi à
Bulawayo. Il y étendait une couverture, appuyait
deux ou trois coussins à une chaise : c'était son lit
depuis vingt ans; il n'en voulait pas d'autre. Le matin un Frère l'aidait à se lever. Sa chambre servant
de bibliothèque pendant la journée, il passait à son
bureau, et y restait assis dans son fauteuil, ou couché sur sa planche. A six heures on lui apportait la
communion. Tous les soirs, selon une habitude déjà
vieille, il se confessait. Le 6 novembre, à contre-
cœur, il s'était laissé remplacer au réfectoire des
élèves. Jusqu'au 10, il continua à s'occuper des

affaires. Le Supérieur de la mission écrivait : « Le Père Barthélemy a eu de nouveau une crise. Il va légèrement mieux, mais nous sommes très inquiets. Dysenterie et mal de reins. Le pauvre cher Père est extrêmement faible et ne supporte qu'une ombre légère de nourriture. Il n'y a plus à maintenir les os ensemble qu'une peau desséchée. C'est trop dur. Quand il va mieux, il ne peut marcher. Il lui faut un *rickshaw* pour se mouvoir. Et pourtant il est indispensable ici où les conditions sont si spéciales ! »

Il n'oubliait pas les siens. Il tenait à ce que chaque *malle* emportât pour la France au moins quelques lignes. Les occupations les plus absorbantes ne l'avaient jamais dispensé de ce cher devoir filial. Huit jours auparavant, en écrivant à sa mère, il s'était inquiété : il se demandait si l'écriture tremblante de l'adresse n'allait pas causer quelque émoi. Le mercredi 12, il demande : *Nothing from mother ?* « Rien de ma mère ? » Jusqu'au bout, le même détachement de soi, la même préoccupation des autres. Le Père Supérieur rentrant d'une tournée lui demandait comment il allait : « Très bien, » dit-il, et tout de suite : « Mais vous, avez-vous fait bon voyage ? » Le Père Marc est tout entier dans cet insignifiant détail.

Le 10, il avait commencé à baisser à vue d'œil. Il n'avait plus pour se soutenir que des liquides, du consommé, un peu de lait, du thé, du vin coupé d'eau minérale. Il ne parlait plus qu'avec effort, d'une voix très faible. Mais deux choses restaient intactes, la lucidité d'esprit et la charité. Jusqu'au 15 il refusa pour la nuit un garde-malade. Il lui suffisait d'une sonnette pour appeler en cas de besoin; bien entendu, il ne s'en servit point. On lui disait que son confesseur était prêt à le veiller : « Pauvre Père, non, non, non, il a besoin de dormir. »

Le samedi 15 novembre, au soir, le médecin, au sortir de la visite quotidienne, déclara qu'il y avait danger prochain. Peu après la sonnette du malade appela. « C'est vous que je veux, dit le Père à son confesseur. Dites-moi franchement l'avis du docteur. — Le docteur dit que c'est sérieux. A votre place, cher Père, je demanderais les derniers sacrements. — Vous croyez que c'est le commencement de la fin, n'est-ce pas? — Le bon Dieu sait. Vous avez reçu les derniers sacrements à Victoria, et vous êtes ici. Je les ai reçus, et me voilà. — Bon! maintenant, pas d'embarras. Quand la communauté sera retirée, à dix heures, vous viendrez. »

Quelques minutes après, le Père Marc rappela son voisin : « Je dois prendre un peu de médecine vers dix heures, dit-il. Mieux vaut pour le viatique être relativement à jeun. Pouvez-vous maintenant? »

« *No fuss,* » avait-il dit, « pas d'embarras » ! Tout se passa entre son confesseur et lui. Il reçut le viatique, l'extrême-onction, l'indulgence plénière, avec un calme, une simplicité, une piété admirables. Un

Père qui avait été averti et se tenait dehors, entra quelques instants après. Le Père Marc lui posa une question avec un petit clignement d'yeux qui voulait dire : « Savez-vous bien ce qui vient de se passer? »

La nuit fut calme; le confesseur s'était installé dans une chambre communiquant directement avec celle du malade, la tête contre la porte. Il entendit seulement le Père Marc se lever deux fois.

Le lendemain, la faiblesse avait encore augmenté. Il souffrait beaucoup. C'était le dimanche. A la grand'messe on le recommanda de nouveau aux prières des fidèles. Ce fut comme une stupeur dans l'assistance.

La journée fut dure. Le Père souffrait dans toutes les positions. On le changeait de côté, on le soulevait toutes les sept ou huit minutes, mais sans pouvoir le soulager. Vers midi, comme il paraissait plus calme, un Père, en souriant, lui montra sa pipe. Le Père Marc accepta, tira quelques bouffées, et ce fut tout. Une ou deux fois on l'entendit murmurer : « Que je me sens mal! Quelle terrible journée! Ne finira-t-elle pas? » Quand les spasmes douloureux de l'estomac cessaient, il regardait de ses grands yeux toujours limpides avec un sourire plein de reconnaissance.

Il avait de longs moments de quasi-léthargie, mais il en sortait quand la charité était en jeu. Dans la soirée, le docteur sir Starr Jameson, qui le connaissait depuis longtemps et qui l'aimait beaucoup, vint le voir. Le Père se ranima un instant, et ils échangèrent une chaude poignée de main. — Durant la nuit l'agitation augmenta. Il avait pour le veiller, l'aider à changer de position, un brave homme qui, durant plusieurs années, avait travaillé avec lui pour ses constructions. Vers minuit on entendit le Père Marc lui dire par trois fois et avec une force surprenante : « Je vous remercie. »

La matinée du 17 fut plus calme, mais aussi le pouls était plus faible. Le mourant ne bougeait plus. A son confesseur qui lui proposait une dernière absolution, il répondit : « Oui, très bien, merci. » Ce furent ses dernières paroles.

Il restait tranquille, silencieux, perdant doucement conscience des choses d'ici-bas, mais certainement l'âme toujours ouverte aux doux noms de Jésus et de Marie qu'on murmurait à son oreille.

Vers midi quarante-cinq, la respiration se ralentissant, on vit que c'était la fin. Le Père Supérieur commença les prières des agonisants. Tout se passa comme le mourant l'avait réglé à l'avance, simplement, sans bruit : entouré de quatre Pères et d'un Frère, au murmure des prières de l'Église, interrompues de temps en temps par les noms de Jésus, Marie, Joseph, saint Ignace, et par des baisers au crucifix, respirant de plus en plus lentement, il s'endormit *in osculo Domini*. Il s'éteignait usé comme un cierge que la flamme a consumé jusqu'à la dernière parcelle de cire.

Les funérailles eurent lieu le 18 novembre. L'humble Père Marc avait-il prévu ce triomphe? Bulawayo n'avait encore rien vu de pareil. L'église de l'Immaculée-Conception, cette église qu'il avait eu la joie de bâtir en l'honneur de sa bien-aimée mère du ciel, était comble. La messe chantée, l'absoute finie, le corps fut mis sur un affût de canon et couvert du drapeau. Chapelain avec titre de *major*, il avait droit aux honneurs militaires. Le cortège mit presque une demi-heure à défiler. Il y avait là des représentants de tous les corps constitués de la ville, beaucoup de soldats, tous les cadets de Saint-Georges, une députation de ceux de Milton's School, la musique des Volontaires de la Rhodésia et tout un char de fleurs. Parmi les assistants, et au premier rang, figuraient sir Starr Jameson et les autres directeurs de la *Chartered Company*. Le docteur, quoique indisposé, refusa de se retirer et resta debout près de la fosse sous le soleil tropical de midi. Le service fut clos, selon les rites militaires anglais, par une triple salve de fusils au-dessus de la tombe et une dernière sonnerie de clairon.

La mort du Père Marc causait un grand vide dans la mission du Zambèse. C'est le témoignage que tous lui rendent. A la nouvelle de sa disparition, des marques de sympathie affluèrent de toutes parts vers sa double famille, naturelle et religieuse, toutes attestant deux choses : c'était un homme de Dieu et le plus aimé des hommes.

Du haut de la chaire, le R. P. Supérieur lui rendit ce beau témoignage : « Devant Dieu, je le dis en *toute franchise*, entre tous les religieux avec qui j'ai été en contact ici et en Angleterre, le Père Barthélemy occupe un rang à part. Il le doit à son absolu oubli de soi. Mortifié à l'extrême, il était à l'extrême dépouillé du moi. » — « J'ai rarement été frappé, disait un autre de ses anciens supérieurs, par un aussi beau caractère. Je le tiens en tout pour un prêtre parfait, un Jésuite parfait, un gentilhomme parfait. » — « Vivre près de lui, affirmait un de ses compagnons de travail, a été pour moi la source de beaucoup de grâces, et j'espère bien achever ce qui me reste de vie, près de lui, sous son influence vraiment fraternelle. »

Le témoignage des étrangers est aussi explicite.

Sir Lewis Michell, ancien ministre et biographe de Cecil Rhodes, écrivait en date du 26 novembre :

« La mort du Père Barthélemy est un rude coup pour moi. Il n'y avait pas, à ma connaissance, dans tout le Sud-Africain, d'homme dont le caractère fût plus noble. Et je suis heureux que le sentiment général de respect à son égard se soit si pleinement manifesté à ses funérailles. La Rhodésia lui doit beaucoup, oui, beaucoup. Il a élevé une génération presque entière de ses fils. Aux jours de trouble, il l'a servie d'une autre façon encore. Par dessus tout, il l'a servie par son exemple. De longues années durant, son mot d'ordre a été : devoir et responsabilité devant Dieu et devant les hommes. Personnellement je sens très vivement sa perte, je regrette que sa carrière terrestre soit close, mais, j'en suis sûr, telle a été sa fidélité à son Église et à l'État, qu'il a certainement reçu sa récompense des mains de Celui qui savait ce qu'il valait. »

Un autre de ses amis, colonel de l'armée anglaise, écrivait vers le même temps : « Merci pour m'avoir appris que sa mort avait été paisible. Pouvait-il en être autrement? Je me disais depuis longtemps que ses jours étaient comptés. Pourtant j'espérais qu'il vivrait encore quelques années. Je regretterai toujours de n'avoir pas été près de son lit de mourant. Quand ce sera mon tour, je veux mourir en homme et en chrétien : or, personne n'aurait pu me donner une idée plus élevée d'une telle mort. Je n'ai compris le sens de ce mot « soldat de la croix », que le jour où le Père Barthélemy est devenu mon ami. Il personnifiait à mes yeux le christianisme sous sa forme la plus haute et la plus pure, et je souffre de ne l'avoir plus pour dresser près de moi cet idéal. »

TABLE DES MATIERES

8-17

SOCIÉTÉ ANONYME D'IMPRIMERIE DE VILLEFRANCHE-DE-ROUERGUE

BIBLIOTHEQUE NATIONALE DE FRANCE
3 7502 007936816 2